이야기로 만나는 한글 세상

국립한글 박물관에 가자!

시공주니어 국립한글박물관

일러두기

1. 이 책은 국립한글박물관의 상설 도록 '한글이 걸어온 길'을 바탕으로 하여 어린이를 위해 쓴 것입니다.
2. 어린이들의 이해를 돕기 위해 과거의 복식, 건물 등은 단순화하여 표현하였습니다.
3. 본문에 나오는 학예사는 독자의 이해와 흥미를 위해 만들어진 캐릭터입니다.
4. 이야기나 유물 사진 중에는 현재 국립한글박물관에 전시되지 않은 자료가 일부 포함되어 있습니다.

한글이 걸어온 길을 만나요!

　어린이 여러분! 한글을 언제 처음 만났는지 기억하나요? 아마도 기억이 잘 나지 않을 거예요. 그만큼 우리가 한글을 익숙하게 쓰고 있기 때문이겠지요. 한글은 우리말을 적는 데 가장 적절한 문자입니다. 이러한 점에서 한글의 과학성은 한글을 쓰면서 다들 느끼고 있을 거예요. 한글은 문자이지만 문화적으로도 큰 가치를 지니고 있어요. 우리 문화를 담고 있는 한글의 소중함을 여러분께 알려 드리고 싶어 이 책을 만들게 되었지요.

　이 책에서는 세종 대왕이 한글을 만드신 후 750여 년 동안 한글이 어떤 길을 걸어왔는지 소개하고 있어요. '한글 바라기'라는 모둠의 친구들이 국립한글박물관에 와서 학예사 선생님을 만나면서 이야기는 시작됩니다. 학예사 선생님과 과거로 여행을 떠나, 그 속에서 세종 대왕이 한글을 창제한 이야기를 담은 '새로 스물여덟 자를 만드니', 사람들이 한글을 익히고 교육·종교·예술·일상생활에서 사용하는 이야기인 '쉽게 익혀서 편히 쓰니', 한글이 공식 문자가 된 후 현재까지를 담은 '세상에 널리 퍼져 나아가니'를 만나 봅니다.

　여러분은 '한글 바라기'를 통해 먼저 국립한글박물관을 친숙하게 만나고 직접 박물관에 들러 한글이 걸어온 길을 살펴보시길 바랍니다. 이 책이 여러분을 한글의 과거·현재로 안내하고, 여러분이 한글의 미래를 아름답게 가꿔 나가는 데 도움을 주리라 믿습니다.

국립한글박물관장 문영호

차례

머리말 ⋯ 3
등장인물 ⋯ 6

우리는 한글 바라기! ⋯ 8
계해년, 겨울에 있었던 일 ⋯ 13

1장 새로 스물여덟 자를 만드니

1. 한글이 없었을 때는 어땠을까? ⋯ 30

2. 훈민정음에 담긴 네 가지 비밀 ⋯ 38
　　첫 번째 비밀, 누가 훈민정음을 만들었나? ⋯ 38
　　두 번째 비밀, 28자에 담긴 비밀 ⋯ 52
　　세 번째 비밀, 한나절 만에 글을 읽을 수 있다고? ⋯ 64
　　네 번째 비밀, 창제 후 3년간의 사건 ⋯ 73

3. 훈민정음을 지켜라! ⋯ 84

2장 쉽게 익혀서 편히 쓰니

1. 한글로 배우니 쉽구나! ⋯ 96
　　《소학언해》로 배우는 어린이 예절 ⋯ 96
　　외국어도 한글로 쉽게 ⋯ 102
　　실용 지식과 종교 생활까지 한글로 ⋯ 112

2. 삶 속에 자리 잡은 한글 … 116
　　김씨 부인의 절절한 사연 … 116
　　정조가 보내 온 편지 … 123
　　그림과 어우러진 한글 … 130

3장 **세상에 널리 퍼져 나아가니**

1. 거듭나는 한글 … 142
　　한글은 국문이다! … 142

2. 위기의 한글, 그러나 … 150
　　우리말, 우리글을 지켜라! … 150
　　글장님 없애기 운동 … 164

3. 현재를 살아가는 한글 … 171
　　산업, 정보화를 이끄는 한글 … 171
　　아름다운 한글 … 178

　　한글 놀이터 … 182
　　한글 연표 … 190

학예사

국립한글박물관의 전시를 관리하고 있으며, 관람객들에게 유물에 대해 설명해 준다. 뿔테 안경을 쓰고 마르고 꼿꼿한 인상이지만 여유로운 말투로 친절한 설명을 한다. 아이들은 학예사 선생님과 눈을 맞추면 안경알 때문인지 눈이 팽팽 돌 듯 어지럽다. 그리고 낯선 세계를 보게 된다. 아니나 다를까 학예사 선생님에게는 신령한 힘이 있다. 신령한 힘이란 바로 설명하는 유물과 관련된 세계로 아이들을 직접 가 볼 수 있게 하는 것이다. 손을 꼭 잡으면 아이들은 영락없이 그 시대로 들어가게 된다.

누리
열혈 소녀로 한글 바라기를 이끈다. 적극적인 성격이고, 궁금증과 호기심이 많은 편이다.

나로
진지한 소년이며, 학습 능력이 매우 뛰어나다. 역사와 상식에 두각을 보여, 학예사 선생님에게 수준 높은 질문을 하곤 한다.

대한
엉뚱한 애국 소년. 장난기가 많아서 엉뚱한 소리를 잘하지만 누구보다 애국심이 강해서 우리의 한글이 어려움을 겪을 때는 흥분하곤 한다.

고운
감성이 풍부한 소녀. 하지만 감정 변화가 심해서 새침을 떨 때도 많다. 한글 편지를 읽을 때는 그 당시 사람들의 마음이 되어 울고, 웃는다.

우리는 한글 바라기!

"애들아, 좀 모여 봐. 우리 문화 조사하는 숙제 말이야. 우리 모둠은 뭐로 할까?"

열혈 소녀 누리가 모둠 친구들을 둘러보며 말했다.

"다른 모둠에서는 거북선, 이순신, 《난중일기》, 현충사 탐방 등 다양하게 하던데."

정의감에 애국심으로 똘똘 뭉친 대한이가 호기롭게 답했다.

"뭐야. 모두 이순신 장군 관련된 거잖아. 그게 다양한 거냐?"

진지한 성격의 나로가 대한이의 말을 받았다. 나로에 이어 새침한 고운이도 한마디 했다.

"설마 거북선도 타 보고, 현충사도 가 보자는 건 아니겠지? 난 그럴 시간 없다고."

하지만 대한이는 물러서지 않았다.

"이순신 장군은 우리나라 최고 장군이시고, 왜놈들도 무찔렀으니 우리가 잘 알아 둬야지."

"하여튼 그 애국심 하나는 인정! 그런 의미에서 우리는 세종 대왕이 만드신 한글, 훈민정음에 대해 알아보는 건 어떨까?"

모둠에서 대장 노릇을 맡아 하는 누리가 새로운 의견을 냈다.

"훈민정음이라면 모든 소리를 글자로 적을 수 있고, 영리한 사람은 한나절이면 글을 배울 수 있을 만큼 체계적인 문자로 알려져 있어. 게다가 훈민정음을 해설한 책인《훈민정음》해례본이 유네스코 세계 기록 유산에 등재됐고."

"우아! 한글이 그래?"

나로가 설명을 덧붙이자, 대한이의 얼굴이 갑자기 확 밝아졌다.

"애국심이 더 불타오르냐?"

"히히, 그러네."

"그러면 이번에는 대한이 네가 대표로 다 조사해 오면 되겠네."

고운이가 은근슬쩍 모둠 숙제를 대한이에게 떠밀었다. 그러자 대한이가 사정없이 손과 고개를 가로저었다. 마치 모터라도 달아 놓은 듯 말이다. 그 모습이 우스워 아이들은 배를 쥐고 깔깔거렸다.

"하하, 대한아. 그러다 목 다치겠다. 그만해. 설마 우리가 너한테만 숙제를 맡기겠니?"

"맞아. 우리는 네가 얼마나 엉성한지 너무 잘 안다고. 절대 못 맡겨."

누리와 나로가 대한이를 진정시켰다. 그제야 대한이는 진정이 된 듯 손과 고개를 멈추었다.

"내 동생이 얼마 전에 국립한글박물관에 다녀와서는 재미있었다고 자랑을 늘어놓더라고. 우리도 거기에 가서 한글에 대해 알아보면 좋을 거 같은데."

누리가 구체적인 조사 방법을 제시하자, 나로는 가만히 고개를 끄덕였다. 하지만 고운이의 반응은 달랐다.

"박물관이라면 어릴 때부터 지겹게 다녔는데, 또? 박물관 가면 난 다리만 아프더라."

"그런데 우리나라에 국립한글박물관이 있었어?"

고운이가 볼멘소리를 하는데, 대한이는 엉뚱하게 국립한글박물관이 있느냐는 질문부터 했다. 그러자 누리가 고개를 끄덕였다.

"국립 문자 박물관은 전 세계에 딱 2개가 있는데 그중 하나가 우리나라에 있는 국립한글박물관이래."

"그래?"

누리의 설명에 대한이와 나로는 호기심을 보였다. 문제는 고운이였다. 고운이는 여전히 뾰로통하니 가고 싶지 않은 얼굴이었다.

"고운아, 너 예쁜 글씨에 관심 많잖아. 거기 가면 그런 것도 볼 수 있대. 가자, 응?"

누리가 고운이를 꾀기 위해 고운이가 좋아하는 것으로 자극했다. 그러자 고운이도 못 이기는 척 가겠다고 했다.

"좋아, 그럼 우리 모둠은 국립한글박물관에 가서 한글을 조사하는 걸로 정한 거다."

아이들은 조사 주제를 '한글'로 확정했다.
"이참에 우리, 모둠 이름도 정할까? 한글을 조사할 거니까 '한글 바라기' 어때?"

누리가 다시 모둠 친구들 얼굴을 둘러보며 물었다.

"바라기? 좀 어색한데."

"한글 바라기라면 한글을 바라본다는 뜻의 순우리말 아니야?"

"한글하고 잘 어울리는 이름이네. 역시 누리다."

나로와 대한이가 만족해하자 '바라기'라는 이름을 어색해했던 고운이도 곧 좋다고 했다. 이렇게 해서 한글 바라기가 만들어졌다. 아이들은 손을 모았다. 그리고 외쳤다.

"한글 바라기 출동!"

계해년, 겨울에 있었던 일

한글 바라기가 출동한 곳은 국립한글박물관이다. 아이들은 국립한글박물관을 구석구석 살피겠다는 마음으로 필기구에 카메라까지 챙겨 왔다. 한글 바라기 대장인 누리가 앞장을 서서 안내 데스크에 전시 설명을 부탁했다.

"곧 학예사 선생님이 설명해 주러 오실 거예요. 잠시만 기다려요."

아이들은 전시실 앞을 오가며 학예사 선생님을 기다렸다. 당장 늘어가서 구경하고 싶었지만, 단순한 구경을 넘어 한글에 대해 자세히 알아야겠다는 생각에 조급한 마음을 참아 냈다.

그때 멀리서 한 사람이 아이들을 향해 걸어오는 것이 보였다. 말라서 더욱 꼿꼿해 보이는 몸집에 살짝 미소를 지으며, 빠르지도 너무 느리지도 않은 걸음으로 다가오고 있었다.

"저분이 학예사 선생님이신가 봐."

"수염이 난 얼굴이 어딘지 신비한 느낌이 들지 않니?"

고운이가 대한이를 보며 말했다.
"그러게. 뭔가 특별한 사람 같아."
아이들이 조잘대는 사이 학예사 선생님은 어느새 아이들 앞에 섰다.
"안녕, 반갑구나!"
"아, 안녕하세요."
아이들은 서둘러 인사를 했다. 학예사 선생님은 인사하는 아이들을 향해 씽끗 웃으며 물었다.
"이렇게 모여서 국립한글박물관을 찾은 이유가 따로 있니?"
"저희는 같은 반 친구들인데 우리 문화를 조사하기 위해 이번에 '한글 바라기'라는 모둠을 만들었어요. 한글에 대해 알고 싶어서요. 저희가 한글 바라기 구성원이라고 할 수 있죠."
대장 누리가 나서서 대답했다.
"하하하. 한글 바라기라, 그거 재미있구나."
학예사 선생님은 아이들 이야기를 듣자 크게 웃었다. 호탕한 웃음소리가 천정이 높은 박물관에 울리자 아이들은 묘한 분위기를 느꼈다. 그런데 아이들이 이런 기분을 느낀 건 괜한 것이 아니었다.
"자, 우리 한 사람씩 악수하면서 인사할까?"
학예사 선생님은 먼저 누리에게 손을 내밀었다.
"저는 김누리라고 합니다."
"누리라, 좋은 이름이구나."
학예사 선생님이 누리의 손을 꼭 잡았다. 그러자 누리는 몸에 전기가 오는 듯 찌릿한 느낌이 들었다. 그리고 몸이 붕 떠오르는 듯도 했다. 하지만 너무 짧은 순간이어서 정말 그런 것인지, 기분이 그런 것인지 구분할 수 없었다.

다음은 대한이가 학예사 선생님과 악수를 했다. 이번에도 학예사 선생님은 대한이의 손을 꼭 잡았다. 그러자 대한이가 몸을 부르르 떨었다. 누리보다 강한 반응이었다. 악수는 나로로 이어졌다.

"저는 신나로입니다."

학예사 선생님은 고개를 숙여 나로와 눈을 맞췄다. 그 순간 나로는 선생님의 안경알 너머로 먼 옛날 마을의 한 장면을 보았다. 하지만 이것 역시 너무 짧은 순간이라서 나로는 자신이 무엇을 보았는지 분명히 알 순 없었다. 그저 혼자만 신기하게 느낄 뿐이었다. 마지막으로 고운이가 인사를 나눴다.

"안녕하세요, 어머나!"

학예사 선생님과 눈을 맞추며 인사를 했던 고운이는 신기한 것을 본 듯 놀라 소리쳤다. 그 모습을 보며 학예사 선생님이 씩 웃었다.

"자, 이제부터 선생님과 박물관을 둘러볼 건데, 중간에 화장실 가고 싶으면 안 되니까 어서 화장실 먼저 다녀오너라."

아이들은 곧바로 둘씩 짝을 지어 화장실로 향했다.

"학예사 선생님 좀 이상하지 않아?"

화장실에 들어서자 고운이가 누리 옆에 찰싹 붙어서 귓속말을 했다. 누리가 고개를 끄덕였다. 남자 화장실에 간 나로와 대한이도 비슷한 반응이었다.

"악수를 하는데 몸이 이상했어. 붕 떠오르는 것도 같고."

"나도. 그리고 학예사 선생님하고 눈을 맞추는데 뭔가 다른 세상이 보였던 거 같아."

아이들은 무엇인지 확신할 수는 없지만 모두 신기한 기분을 느끼고 있었다. 아이들은 두려움과 설레임을 갖고 학예사 선생님 앞에 모여 섰다.

"자, 먼저 서로 손을 잡아 보자."

학예사 선생님은 옆에 있던 누리와 나로의 손을 잡더니 누리와 나로에게도 대한이와 고운이의 손을 잡게 했다. 아이들은 학예사 선생님을 중심으로 손을 맞잡고 섰다.

"우리가 이렇게 손을 잡은 것은 한글에 대해 더 잘 알아보기 위해서란다. 우리는 제일 먼저 한글이 어떻게 만들어지게 되었는지 알아보러 조선 시대로 갈 거야."

"세종 대왕이 계신 곳으로요?"

대한이가 놀라 물었다. 학예사 선생님은 가만히 고개를 끄덕였다. 나로는 어리둥절했다.

'타임머신이 나오는 영화나 만화처럼 시간 여행을 한다는 얘기인가? 그게 가능한 일이야?'

학예사 선생님은 나로의 이런 생각을 들여다본 듯 나로의 손을 더 꼭 잡고, 나로와 눈을 맞췄다. 그러자 나로는 학예사 선생님과 처음 악수할 때처럼 다시 찌릿함을 느끼며 한순간 다른 세상의 모습을 보았다.

"어어!"

나로는 깜짝 놀라 뒷걸음질 쳤다.

"500여 년의 시간을 뛰어넘어 조선 시대로 간다고 하니, 모두 말도 안 된다고 생각하고 있지? 하지만 내겐 조금 특별한 능력이 있단다. 한글 연구를 많이 해서인지 한글과 관련된 시대를 여행하는 능력이 있지. 그런데 이런 여행은 생생하게 상상하면 누구에게나 가능한 일이야. 특히 한글에 대한 설명을 자세히 듣고 유물도 꼼꼼히 본다면 누구든 온전히 그 속에 가 볼 수 있지. 어때, 나랑 함께 가 보겠니?"

학예사 선생님의 이야기는 이상하면서도 그럴듯했다. 그리고 학예사 선생님에게는 거부할 수 없는 힘이 느껴졌다. 그래서 이 상황을 의심했던 나로도, 박물관에 오는 것이 신나지 않았던 고운이도 그러겠다고 대답을 했다.

곧 아이들은 학예사 선생님을 따라 박물관 영상실로 들어갔다. 영상실에 들어서니 수많은 글자들 사이로 웅장한 음악과 화면이 펼쳐졌다.

"어, 저분이 세종 대왕이신가 보다."
화면을 가리키며 대한이가 말했다.
"맞아, 바로 우리가 찾아가 뵐 분이지. 자, 준비됐니?"
학예사 선생님이 아이들과 눈을 맞추며 손을 꼭 쥐었다. 그러자 믿기 힘든 일이 일어났다. 아이들이 진짜 조선 시대로 간 것이다.

이곳은 경복궁 사정전. 왕과 신하가 나랏일을 의논하기 위해 모이는 곳이다.
"전하, 진주에 사는 김화라는 자가 자기 아비를 살해했다 하옵니다."
"아이고!"
자식이 아비를 죽였다는 말에 고운이가 놀라 외마디를 내고 말았다. 그러자 학예사 선생님이 손가락을 입에 대며 조용히 하라는 신호를 보냈다. 그런 신호가 아니어도 아이들은 이미 숨도 크게 쉬지 못하고 있었다. 크고 위엄 있는 궁궐 속, 임금님과 신하들이 가득한 곳에 들어와 있다는 것은 숨이 막힐 정도로 놀라운 일이었다.

고운이는 다시 소리를 지르게 될까 봐 제 손으로 입을 틀어막았다. 대한이는 긴장하여 자라처럼 목이 움츠러들었으며, 호기심 많은 누리는 연신 눈알을 굴리며 주변을 살폈다. 나로는 가뜩이나 진지한 표정이 더욱 진지해졌다.

"이곳은 15세기 조선 시대 궁궐이란다. 저기 있는 분이 바로 세종 대왕님이지."

학예사 선생님이 작은 목소리로 속삭이듯 설명을 했다. 때마침 세종 대왕이 입을 열었다.

"일찍이 괴이한 사건을 여럿 보았으나 자식이 아비를 죽이는 일이 생기다니, 모두 내 덕이 부족한 탓이로구나."

세종 대왕은 긴 탄식을 하며 자신을 탓했다. 백성들에게 일어난 불미스런 일을 임금이 먼저 나서서 걱정하며 자신을 탓하니 신하들도 가만히 있을 수 없었다.

"전하, 어찌 그런 말씀을 하시옵니까? 가까이에서 백성을 바르게 인도하지 못한 신들의 잘못이 크옵니다."

이렇게 백성의 일을 임금과 신하가 서로 나서서 책임을 지려 하니 나라에 일이 생길 때마다 그 해결 방법을 고민하는 것도 적극적이었다. 먼저 판부사 허조가 나섰다.

"예순이 되는 나이를 먹도록 이런 끔찍한 일은 처음이옵니다. 김화는 능지처참의 형을 받았으나 이번 일을 계기로 자식이 부모를 해하는 경우 큰 벌을 내리는 법이 필요할 것입니다."

그러자 다른 신하도 한마디 덧붙였다.

"전하, 얼마 전에는 창녕에서 아들이 어미를 때리는 일도 있었사옵니다. 효와 충을 중시하는 우리나라에서 다시는 이런 일들이 일어나서는 아니 되옵니다."

세종 대왕은 신하들의 말을 듣고 깊은 고민에 빠졌다.

"어머, 세종 대왕님 얼굴에 주름지는 거 봐."

고운이가 세종 대왕을 보며 안타까워했다. 긴장했던 아이들은 어느새 이 상황에 빠져들어 자기들끼리 속닥속닥 이야기를 나누게 되었다.

"세종 대왕님은 분명히 멋진 해결책을 찾으실 거야. 저 믿음직한 풍채 하며, 난 벌써 기대가 되는걸."

대한이는 눈을 반짝이며 세종 대왕을 응원했다.

"백성들에게 무조건 무거운 벌을 내리는 것으로 문제를 해결할 수는 없다. 그러다 보면 어디선가는 억울한 죄인이 생길 것이다."

세종 대왕은 판부사 허조의 말을 받아들이지 않았다.

"여봐라, 대신들은 효자, 충신, 열녀의 이야기들을 모아라. 그 이야기들을 글과 그림으로 옮겨 백성들이 읽고 보게 하라!"

세종 대왕은 엄한 벌을 내리는 대신 백성들에게 좋은 본보기를 보여 스스로 느끼고 깨닫게 하려는 것이었다.

"와, 우리 엄마도 세종 대왕님 같았으면 좋겠다. 우리 엄마는 내가 잘못하면 소리 먼저 지르는데."

"대한아, 정말 그렇게 생각해? 내가 볼 때는 너희 엄마, 정말 많이 참아 주시는 거야."

대한이의 옆집에 사는 고운이가 대한이를 보며 꾸짖듯 말했다.

"그런가?"

말썽 부리기라면 누구에게도 뒤지지 않는 자신을 알고 있는 걸까? 대한이는 멋쩍은 웃음을 지으며 고운이의 말을 순순히 인정했다.

"자, 이제 저리로 가 보자꾸나."

학예사 선생님은 아이들의 손을 잡아끌었다. 이번에도 학예사 선생님은 신비한 힘을 발휘했다. 오른손을 잡고 있던 누리와 대한이는 집현전으로 데리고 가고, 왼손을 잡고 있던 나로와 고운이는 조선의 한 마을로 가게 한 것이다.

"이곳이 바로 집현전이란다."

"집현전이라면 학자들이 학문을 연구했던 곳이지요?"

"그래, 잘 알고 있구나. 집현전은 고려 시대부터 있었지만 세종 대왕이 학문 연구를 위해 더욱 발전시켰지. 이곳에서 조금 전 세종 대왕의 명에 따라 책을 만들었단다."

학예사 선생님의 말대로 집현전에서는 글과 그림이 어우러진 책을 만들고 있었다.

"무슨 책을 만드는 거예요?"

늘 궁금한 것이 많은 누리가 물었다.

"이 책은 《삼강행실도》라고 해. 조선은 유교의 성리학을 기본 이념으로 하는 나라라서 예의를 중시했지. 삼강이란 부자유친(父子有親), 군신유의(君臣有義), 부부유별(夫婦有別)을 말하는데, 부모와 자식 사이엔 존경과 사랑이 있어야 하고, 임금과 신하 사이엔 의리가 있어야 하며, 부부 사이엔 각자가 지켜야 할 행동과 마음가짐이 있음을 뜻하지. 그러니까 《삼강행실도》는 부모와 자식, 임금과 신하, 부부 사이에 해야 할 알

맞은 행동을 가르치는 책이야."

"아, 그래서 세종 대왕님께서 효자, 충신, 열녀의 이야기를 모으라고 하셨군요."

누리의 말에 학예사 선생님은 머리를 쓰다듬어 주었다.

"그렇지! 세종 대왕님의 말을 잘 기억하고 있구나."

"그럼, 이제 이 책은 어떻게 쓰이는 거죠?"

세종 대왕을 응원하는 대한이가 《삼강행실도》의 쓰임을 물었다.

"이 책은 백성들에게 나눠 줄 거야. 집현전에서는 농사짓는 법을 적은 책도 만들었어. 다양한 농사법을 소개한 《농사직설》이라는 책으로, 지방 관리에게 보내 백성들에게 농사법을 가르치게 했지. 책으로 예의를 가르치고, 농사법도 알리려 한 거야."

"우아, 세종 대왕님 정말 대단하시네요!"

누리와 대한이는 감탄을 금치 못했다.

한편, 마을로 온 나로와 고운이는 마을 사람들이 책을 들고 있는 모습을 보게 되었다.

"여긴 어디지?"

"우리가 세종 대왕님을 봤으니까 여긴 조선의 마을이 아닐까?"

"그렇겠네. 그런데 옛날 사람들은 정말 한자를 잘 알았나 봐. 저 사람들도 한자로 쓴 책을 보고 있잖아."

하지만 고운이의 말이 채 끝나기도 전에 책은 바닥에 던져졌다.

"아이고, 이게 뭐라는 거야."

그러자 옆에 있던 사람이 그 책을 집어 들었다.

"서두르지 말고 《삼강행실도》의 그림을 찬찬히 보지그래. 그림을 보면 뭔 내용인지 알 거 아냐."

"그럴 거 같으면 자네가 한번 보게. 한 글자라도 알아야 그림도 뭔 내용인지 짐작을 하지, 원."

책을 든 사람들은 화를 내며 하나둘씩 책을 내려놓았다.

"나로야, 사람들이 왜 그러지?"

"옛날 사람들이라고 해서 모두 한자를 아는 건 아니었던 거지. 한자를 읽을 수 있는 사람은 주로 양반들이었거든. 하긴 아침부터 농사일로 바쁜 농부들이 언제 앉아서 '하늘 천 따 지'를 외우겠냐."

고운이와 나로는 사람들이 내려놓은 책을 집어서 들여다보았다. 그러자 사람들의 답답함이 고스란히 전해져 왔다.

"이건 사람이고, 저건 소, 그리고 저 멀리 산이 있네. 아휴, 내가 봐도 무슨 얘기를 써 놨는지 하나도 모르겠다."

　이런 사정을 세종 대왕이 모를 리 없었다. 세종 대왕은 책에 그림을 그려 넣는 것으로는 내용 전달이 충분하지 않다는 걸 알고는, 글 읽는 자들을 시켜 백성들에게 읽어 줄 것을 당부했다. 하지만 이 역시 큰 효과를 거두지는 못했다.

　얼마 후, 다시 사정전이 소란스러웠다. 아이들은 어느새 학예사 선생님의 손을 잡고 사정전에 와 있었다. 세종 대왕과 신하들의 표정이 심각했다.
　"전하, 신 최만리이옵니다. 제발 그 뜻을 거두어 주십시오."
　가장 앞에 머리를 조아린 신하가 입을 열었다.
　"최만리? 이름 들어 본 거 같은데?"
　나로가 고개를 갸웃거리자 학예사 선생님이 설명을 해 줬다.
　"한글에 관심이 있다면 들어 봤을지도 모르겠구나. 최만리는 세종 때 집현전 부제학이란다. 훈민정음 반포를 반대한 대표적인 인물이지."
　학예사 선생님의 설명을 들은 아이들은 최만리의 말에 더욱 귀를 기울였다. 무슨 이유로 한글 창제를 반대하는지 들어 보려는 것이었다.
　"전하, 통촉하여 주시옵소서. 지금까지 중국의 글과 법을 함께 사용하였는데 어찌 상스럽고 무익한 글을 만들려 하시옵니까. 부끄러움을 감출 길이 없사옵니다."
　"그렇사옵니다. 통촉하여 주시옵소서!"

최만리의 말에 이어 뒤에 있던 신하들까지 엎드려 고했다. 그 모습을 보고 있던 대한이는 고개를 갸웃거렸다.

"우리나라 사람에게 맞는 글을 만들겠다는데 부끄럽다니, 참 이상하네요."

대한이의 말을 듣기라도 한 듯 세종 대왕은 근엄한 목소리로 신하들에게 말했다.

"너희가 진정 이 나라 조선을 위하고 백성을 섬기는 신하가 맞느냐? 큰 나라가 무서워 백성을 섬기지 못하고, 백성의 아픔을 속속들이 보지 못한다면 어찌 한 나라의 임금이고 신하라고 하겠느냐!"

세종 대왕의 호통에 신하들은 더욱 깊숙이 고개를 숙였다. 잠시 후, 세종 대왕은 차근히 이야기를 이었다.

"내 일찍이 백성들을 가르치기 위해 그림 넣은 책을 만들고, 농사법을 적은 책을 만들었으나 모두 소용이 없었다. 또한 백성들은 억울한 일을 당하고도 글을 몰라 바로잡으려는 시도도 하지 못하였다. 사대부는 글을 배워 불편함이 없을지 모르나 하늘이 낳은 백성은 사대부만이 아니다. 임금인 나는 모든 백성이 억울함 없이 살도록 보살펴야 한다. 그것이 나의 일이다. 이에 나는 모든 백성들이 편히 읽고 쓸 수 있는 문자를 반포하려는 것이다. 그래서 모든 백성이 태평성대를 누리는 나라를 만들 것이다."

세종 대왕의 말이 끝나자 대한이는 양쪽 엄지손가락을 세워 보이며 좋아했다. 아이들은 모두 세종 대왕의 백성을 생각하는 마음에 감동했다. 특히 박물관에 가기 싫다고 했던 고운이는 감동에 눈가가 촉촉해져 있었다. 고운이는 감성이 풍부하고, 그래서 감정 기복도 심했다.

"너 우냐?"

"누가 울어."

"히히, 나한테 혼자 조사하라고 하더니 여기 와서 감동은 네가 제일 많이 하네."

대한이는 때를 놓치지 않고 고운이를 놀렸다. 고운이는 언제 울었느냐는 듯이 대한이를 째려봤다. 학예사 선생님은 그런 아이들의 모습을 보며 웃었다. 그리고 한글 창제에 대한 설명을 덧붙여 주었다.

"1443년 그러니까 계해년 겨울, 세종 대왕은 백성을 위해 스물여덟 글자를 만드셨단다. 그리고 백성을 가르치는 바른 소리라는 의미로 '훈민정음'이라 하셨지. 그리고 훈민정음을 해설한 책인 《훈민정음》 해례본에 이렇게 남기셨단다."

'우리나라의 말소리가 중국과 달라서 한자와 서로 통하지 않고 일반 백성들이 말하고자 하는 바가 있어도 마침내 제 뜻을 펼 수 없는 사람이 많도다. 이를 딱하게 여기어 새로 스물여덟 글자를 만드니 이것은 사람들로 하여금 쉽게 익혀 나날이 쓰기 편하게 하고자 한 것이니라.'

-《훈민정음》 해례본의 첫 부분

스마트폰을 대면
세종 대왕이 백성을 위해 만든
훈민정음에 대한 영상을 볼 수 있어요.

1장

새로
스물여덟 자를
만드니

1. 한글이 없었을 때는 어땠을까?

"으, 손바닥이 땀범벅이야."

꼭 잡고 있던 나로의 손을 놓으며 고운이가 땀을 털어 내듯 손을 흔들었다. 그러자 나로도 제 손바닥을 바지에 쓱쓱 문질러 땀을 닦았다. 학예사 선생님의 손을 잡고 조선 시대에 다녀오는 신기한 경험을 하다 보니 긴장해서 땀이 많이 난 것이다. 아이들은 너무도 신기한 경험에 아직도 가슴이 뛰었다.

그런데 이 순간 더 가슴이 뛰는 아이가 있었다. 누리의 손을 잡고 있는 대한이였다.

"대한아, 이제 손 놔."

누리가 말했지만 대한이는 못 들은 척 가만히 있었다.

"대한아!"

누리가 다시 불렀지만 대한이는 꼼짝도 하지 않았다. 누리의 손을 더 잡고 있고 싶었던 거다. 그러자 학예사 선생님이 웃으며 말했다.

"하하, 이제 손을 놓아도 괜찮아. 이제 우린 본격적으로 박물관을 살펴볼 거니까."

그제야 대한이가 누리의 손을 놓았다.

"이 정도면 한글이 어떻게 만들어졌는지 충분히 알 것 같은데……."

고운이가 은근슬쩍 박물관을 그만 보자는 뜻의 말을 했다. 조선 시대에 다녀온 신기한 경험을 했지만 박물관을 본격적으로 본다고 하니 지루할 것 같았던 거다. 그러자 학예사 선생님이 고운이에게 질문을 하나 던졌다.

"고운아, 우리나라 사람들은 한글이 만들어지기 전에 어떤 말을 사용했을까?"

"중국어…… 아닐까요?"

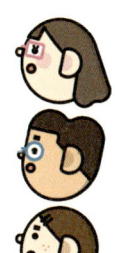

고운이는 잠시 망설이더니 이렇게 말했다. 고운이의 말을 듣고 있던 대한이도 그랬을 거라고 생각하던 참이었다. 하지만 고운이의 답은 정답이 아니었다.

"우리가 방금 조선 시대에 다녀왔잖아. 조선 시대 사람들이 말할 때 중국어를 하던?"

"아, 맞다!"

"그럼 한글이 없던 때는 어떤 문자로 기록을 했을까?"

"한자요!"

이번에는 고운이가 자신 있게 대답했다. 마을 사람들이 보았던 책을 떠올린 것이다.

31

"이번엔 잘 맞혔다. 고운이 말대로 한자를 썼어. 그런데 말이다, 말은 우리말을 하면서 글은 한자를 쓰는 것은 어땠을까? 우리말이 잘 표현되었을까?"

"글쎄요……."

학예사 선생님과 이야기를 나누며 아이들은 어느새 국립한글박물관 전시실 안으로 들어서고 있었다. 한글이 만들어지기 전에 사용한 문자를 보기 위해서였다.

아이들의 눈앞에는 '향찰', '이두', '구결'이란 글자가 펼쳐져 있었다. 하지만 뭐가 다른 건지 도무지 알 수 없었다. 모두가 알아보기 힘든 한자들뿐이었기 때문이다.

"향찰, 이두, 구결은 모두 한자를 이용하여 우리말을 표기한 것들이야. 처음에는 사람 이름이나 지명 같은 것만 한자로 나타내다가 시간이 지나면서 한자의 음이나 뜻을 이용하여 우리말 문장도 한자로 나타냈지. 그런데 한문은 우리말과 말의 순서가 달라서 우리말을 그대로 표현할 수 없었단다. 요즘 아이들은 영어를 잘하니 영어를 예로 들어 설명해 볼까?"

"아니, 전 영어는 질색인데. 애국심 때문에 우리말이 아니면 좀."

대한이가 급히 손을 들며 말했다.

"공부란 공부는 모두 질색이면서 애국심 때문이라니 핑계 한번 그럴듯하다."

고운이의 핀잔에 학예사 선생님은 웃음을 터트렸다.

"하하, 대한이에게 그런 이유가 있었구나. 그런데 어려운 영어를 하려는 것은 아니니 걱정 안 해도 돼."

학예사 선생님은 다시 설명을 이었다.

"'나는 당신을 사랑합니다.'를 대한이가 영어로 말해 볼래?"

"I love you."

"그래, 잘했다. 영어는 우리말과는 순서가 달라서 '나는 당신을 사랑합니다.'를 '나는 사랑합니다 당신을'의 순서로 말하잖아. 한문도 마찬가지로 우리말과는 말의 순서가 달라. 그래서 한자의 음과 뜻을 이용해서 우리말 순서대로 문장을 표기한 것이 향찰과 이두란다. 그리고 구결은 한문을 읽을 때 한문 단어 사이에 우리말이나 한자를 끼워 넣어 읽는 방법이지."

"으, 여전히 복잡해요."

고운이가 찡그린 표정으로 말했다.

"너희 눈에는 모두 한자니까 별다를 것이 없어 보일 거야. 그럼 직접 향찰의 한 구절을 읽어 보자꾸나. 善(선)花(화)公(공)主(주)主(주)隱(은). 이게 무슨 말일까?"

"선화공주까지는 알겠는데 그 뒤에 나오는 '主(주)隱(은)'은 잘 모르겠어요."

"主(주)는 '님 주' 자인데 이 경우에는 한자의 뜻인 '님'을 소리 내는 거야. 그리고 隱(은)은 원래의 한자 소리를 그대로 읽고. 그럼 다시 읽어 볼까?"

"선화공주님은."

"그래, 잘 읽었다. 아까 향찰과 이두에서는 한자의 뜻과 음을 이용해서 우리말을 표현했다고 했지? 지금처럼 어떤 경우에는 한자의 소리로, 어떤 경우에는 뜻으로 읽는 거야."

"무슨 암호 같아요."

고운이가 여전히 어렵다는 듯 고개를 절레절레 저었다.

"우리말을 표현할 우리 문자가 없으니 복잡하고 어려운 것은 어쩔 수 없는 일이었지."

"잠깐 설명을 듣는데도 이렇게 어려운데 당시 사람들은 정말 힘들었겠어요."

"세종 대왕님이 왜 백성들이 글을 몰라 힘들다고 했는지 알겠어요."
아이들은 모두 고개를 끄덕이며 공감했다.
"자, 그럼 한글이 얼마나 편리한 문자인지 알아볼까?"
"좋아요. 어서어서 한글 만나러 가요. 한자는 지긋지긋해요."
박물관이 싫다던 고운이가 오히려 앞장을 섰다.

우리나라 문자 생활의 시작 '차자 표기법'

우리나라의 문자 생활은 차자 표기 시대, 훈민정음 시대, 국문 시대, 한글 시대로 나누어집니다. 역사상 문자 생활은 차자 표기법에서 시작되었다고 할 수 있지요. 차자 표기법이란 한자의 음이나 뜻을 이용하여 우리말을 표기하는 것을 뜻합니다. 문자가 없던 우리나라에서 중국의 한자를 들여와 문자로 사용한 것입니다.

차자 표기법은 한자가 우리나라에 들어와 어느 정도 익숙해진 후부터 쓰였습니다. 먼저 사람 이름이나 지명을 표기할 때 한자의 음이나 뜻으로 표기하다가 시간이 지나면서 우리말 문장을 나타낼 때도 사용되었습니다.

구결 _《유가사지론》

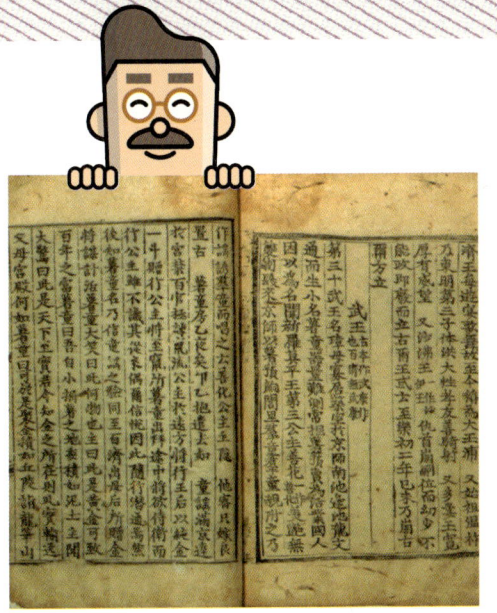

향찰 _ 《삼국유사》 중 '서동요'

대표적인 차자 표기법에는 향찰, 이두, 구결이 있습니다. 향찰은 신라 시대 노래인 향가를 적을 때 쓰였습니다. 잘 알려진 향가인 '서동요', '처용가' 등이 향찰로 표기된 것이지요.

이두는 실용문이나 공식 문서에 주로 쓰였습니다. 따라서 관리들이 사용하는 문자였던 이두는 훈민정음이 만들어진 이후에도 오랫동안 사용되었습니다. 이두는 원효 대사의 아들 설총이 만든 것으로 전해집니다.

향찰과 이두가 우리말을 표현하는 문장에 쓰인 반면, 구결은 한문을 읽을 때 쓰는 방법이었습니다. 한문 사이에 隱(은), 伊(이) 등 우리말의 조사나 어미 역할을 하는 한자를 끼워 넣어 읽어 뜻이 더 분명해지게 한 방법입니다.

이두 _ 임신서기석

2. 훈민정음에 담긴 네 가지 비밀

첫 번째 비밀, 누가 훈민정음을 만들었나?

"자, 이것이 바로 훈민정음이란다."

학예사 선생님은 아이들을 웅장한 전시물 앞으로 안내했다. 전시물에는 한자와 한글이 어우러져 쓰여 있었다.

"이게 훈민정음이라고요?"

"그래, 훈민정음은 당시 우리 문자의 이름이면서 문자를 설명하는 책의 이름이기도 했지. 첫 줄에 있는 제목을 한번 읽어 볼까?"

아이들은 목소리를 맞춰서 읽어 보았다.

"솅종엉졩훈민졍음."

하지만 몇 글자 읽지 못하고 대한이가 웃음을 터트리고 말았다.

"크크, 발음이 너무 웃겨요. 외국인이 우리말 하는 것 같기도 하고, 우스꽝스런 벌칙받는 것 같기도 하고."

그러자 학예사 선생님이 글자의 받침 부분을 손으로 가리켰다.

"자, 자세히 봐 봐. 받침의 이응 모양이 어떠니?"

"어, 이응 모양이 다르네요? 꼭지가 달린 것도 있고, 달리지 않은 것도 있고."

누리의 말에 나머지 아이들도 그 차이를 발견했다.

"이렇게 모양이 다른 데는 다 이유가 있겠지? 받침에 있는 둥근 모양의 이응(ㅇ)은 소리를 내지 않고 읽는 거야. 그리고 꼭지가 달린 듯한 모양의 이응(ㆁ)은 우리가 원래 이응을 읽듯이 읽고. 자, 다시 읽어 볼까?"

"셰종어졔훈민졍음."

"어떠니?"

"이제야 우리말 같아요. 그런데 왜 이렇게 쓴 거죠?"

이번에도 궁금증 대왕 누리가 물었다.

"당시에 순우리말이 아닌 한자음을 표기할 때는 실제 조선의 한자음이 아니라 이상적인 한자음을 적었기 때문이야. 이상적인 한자음 표기에서는 글자가 모두 초성, 중성, 종성으로 이루어져야 한다고 여겼어. 종성, 즉 받침이 있어야 글자가 완성된다고 여겼기 때문에 소리를 내지 않는 이응을 붙인 거지."

"글자의 완성은 받침이다, 뭐 이런 거군요."

진지한 나로가 오랜만에 농담을 했지만 아무도 웃지 않았다.

"근데 선생님, 우리가 읽은 말의 뜻이 뭐예요?"

다시 누리가 물었다.

"세종 대왕이 훈민정음을 만들었다는 말이야. '어제'란 임금이 친히 지었다는 의미거든. 어제란 말을 쓴 것을 보면 세종이 훈민정음의 창제자라는 거지."

"세종 대왕님이 혼자서 한글을 만들었다고요?"

"세종 대왕이 훈민정음을 만들었다는 기록은《조선왕조실록》과 성삼문, 이덕무 등 조선 선비의 글 속에도 나타나곤 하지."

"우아, 정말 대단한 왕이시네요."

대한이가 놀라워했다. 하지만 나로는 고개를 갸웃거렸다.

"근데 정말 그랬을까요? 보통 여럿이 하고도 대표의 이름이 앞에 나올 수 있는 거잖아요. 더구나 임금이라면 대표 중에서도 최고니까요."

·겨새·로·스·믈여·듧字·를밍·ᄀ·노·니
:사ᄅᆞ마·다:히·여·수·비니·겨날·로·ᄡᅳ·메
便뼌安ᅙᅡᆫ킈ᄒᆞ·고·져ᄒᆞᇙᄯᆞᄅᆞ·미니·라

世‧솅宗종御‧엉製‧졩訓‧훈民민正‧졍音흠

나‧랏말‧싸‧미中듕國‧귁‧에달‧아文문字‧쭝‧
와‧로서르‧ᄉᆞᄆᆞᆺ‧디아‧니ᄒᆞᆯ‧씨‧이런젼‧ᄎᆞ‧로
어‧린百‧ᄇᆡᆨ姓‧셩‧이니르‧고‧져‧홇‧배이‧셔‧도
ᄆᆞ‧ᄎᆞᆷ‧내제‧ᄠᅳ‧들시‧러펴‧디‧몯홇‧노‧미

세종이 만들다

"그래, 나로처럼 생각할 수도 있어."

학예사 선생님이 나로의 이야기에 고개를 끄덕였다. 그리고 다시 설명을 이었다.

"훈민정음은 과학적이고 체계적인 세계 최고의 문자로 꼽히지. 이런 문자를 세종 혼자서 만들었다고 하면 의심이 될 수도 있어. 그래서 많은 사람들이 실제로는 집현전 학사들이 만들고서 세종이 만들었다고 하는 건 아닐까 생각하기도 했어. 그렇게 알고 있는 사람들도 많고. 하지만 훈민정음이 만들어지는 것을 당시 사람들은 모르고 있었어. 문자 창제는 비밀 프로젝트였거든."

"어머, 정말요?"

"당시 조선은 중국과의 관계를 생각하지 않을 수 없는 상황이었단다. 우리의 문자를 만든다는 건 중국을 따르지 않겠다는 것으로 보일 수도 있어서 조심스러웠지."

"아, 그래서 소문나지 않게 조용히."

"정말 세종 대왕님이 직접 만들었을 수 있겠네요."

"그렇지. 더구나 세종 대왕은 너희가 존경하는 것처럼 진짜로 뛰어난 임금이셨거든."

"우아, 멋지다!"

대한이는 사정전에서 보았던 세종 대왕을 떠올리며 소리쳤다. 그러자 학예사 선생님이 대한이의 손을 잡았다.

"대한아, 우리 세종 대왕님의 모습을 더 자세히 살펴볼까?"

대한이는 조금 전 기억을 떠올리며 고개를 끄덕였다. 그러자 누리가 학예사 선생님의 다른 한쪽 손을 잡았다.

"선생님, 저도요."

"저도 꼭 보고 싶어요."

나로와 고운이도 양옆으로 손을 맞잡으며 말했다. 학예사 선생님은 다시 아이들과 눈을 맞추며 손을 잡았다. 아이들은 다시 조선의 궁궐로 가게 되었다.

"대군 마마, 전하의 명이옵니다. 어서 내놓으십시오."

궁궐 한쪽에 신하들이 모여들었다.

"어머, 무슨 일이래요? 저분은 세종 대왕님 아니세요?"

누리가 놀란 눈이 되어 학예사 선생님에게 물었다.

"세종 대왕이 왕위에 오르기 전의 모습이란다."

"그래서 대군이라고 불렀군요."

사극을 많이 보는 대한이가 아는 체를 했다.

"대한이 말이 맞다. 왕이 되기 전 왕자에게는 대군이란 호칭을 썼어. 세종 대왕은 충녕 대군이라 불렸지. 지금은 보아하니 충녕 대군이 아버지인 태종 임금의 말을 듣지 않은 모양이구나."

"우리처럼 스마트폰을 많이 하신 건가? 궁금하네."

아이들은 흥미롭게 그 광경을 지켜보았다.

"아니, 그 정도는 그냥 둬도 되지 않겠느냐."

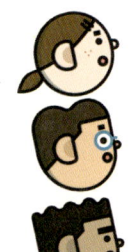

"절대 아니 되옵니다. 전하께서 하나도 남김없이 치우라고 하셨사옵니다."

"내 이번에는 정말로 보지 않겠다."

"저희는 전하의 명대로 할 뿐이옵니다."

신하들은 세종 대왕의 방에서 무언가를 한 꾸러미씩 들고 나왔다.

"저게 뭐죠?"

한구석에 숨어서 보고 있던 나로가 고개를 쭉 빼고 꾸러미를 살폈다. 누리, 대한이, 고운이도 나로를 따라 목을 쭉 뺐다.

"뭐야, 책이잖아. 책을 보지 못하게 하려는 거야?"

책인 것을 확인한 대한이는 놀라 입을 다물지 못했다.

"그래, 신하들이 치우는 건 바로 책이야. 세종 대왕은 어릴 때부터 책 읽기를 즐겨서 밤낮으로 책을 읽었단다. 아버지 태종 임금은 잠을 자지 않고 책을 읽어 건강을 해치는 아들을 걱정하여 결국 방에 있는 책을 치우라는 명령을 내렸지."

"이건 정말 이해할 수 없는 상황인데요."

"대한이 너는 특히나 이해하기 힘들겠다."

대한이의 말에 고운이가 맞장구를 쳤다. 대한이는 그렇다며 크게 고개를 끄덕였다.

"저는 게임기 뺏긴 적은 있었지만 책을 뺏긴다는 건 상상해 본 적도 없어요."

"그래? 그럼 이렇게 생각해 봐. 대한이 네가 게임하는 걸 좋아하는 것처럼 세종 대왕은 책 읽기를 좋아했던 거지."

"아하, 그렇게 말씀하시니 정말 이해가 쏙 되네요. 그렇다면 지금 세종 대왕님은 무척 슬프겠어요. 게임기 아니, 책을 모두 빼앗겼으니."

대한이는 측은한 마음으로 왕자인 세종 대왕을 바라봤다. 그런데 신하들이 모두 방을 나가자 세종 대왕의 얼굴 표정이 다시 편하게 바뀌었다. 그러더니 어딘가에서 책 한 권을 꺼내 들었다.

"어머나!"

고운이는 눈앞에서 일어난 반전에 놀랐다.

"정말 세종 대왕님 대단하다. 책 한 권은 결국 숨겨 두었잖아. 저 정도면 책벌레네, 책벌레."

대한이도 세종 대왕의 책 사랑에 혀를 내둘렀다.

"어떠냐. 세종 대왕이 저리 책 읽기를 즐겼으니 학식이 얼마나 뛰어났을지 짐작이 되지 않니?"

"예, 정말 그랬을 거 같아요."

"세종 대왕님은 임금이면서 학자이기도 했네요."

"맞아, 세종 대왕은 조선의 어느 학자와 겨뤄도 손색이 없는 학식을 지니셨지."

학예사 선생님은 다시 아이들의 손을 꼭 잡았다. 이제 다른 곳으로 이동하려는 것이다. 아이들도 놓치지 않으려 손에 힘을 주었다.

"띠딩 딩딩~ 띠디디 딩딩."

어디선가 음악 소리가 들렸다. 아이들은 궁궐에 울려 퍼지는 음악 소리에 장단을 맞춰 보았다.

"흔히 들어 보지 못한 소리지만 이렇게 들으니 좋은데요."

낯선 조선 시대 음악이었지만 대한이는 어쩐지 절로 흥이 났다.

"너희가 조선의 음악을 즐기는 모습을 세종 대왕이 보신다면 좋아하시겠구나. 세종 대왕은 실제로 음악에 관심과 재능이 많은 분이셨거든. 옛 기록을 보면 세종 대왕이 형에게 거문고와 가야금을 가르쳐 주었다고 해. 세종 대왕은 거문고와 가야금, 비파까지 다루지 못하는 악기가 없었을 정도였대."

학예사 선생님의 설명을 듣고 보니 세종 대왕은 정말 음악에 흠뻑 취한 모습이었다. 그리고 얼마 후, 연주가 끝났다.

"중국의 편경과 달리 우리나라 편경은 소리가 맑고 아름다워 더욱 듣기 좋구나."

세종 대왕은 편경을 만든 박연을 불러 칭찬하였다.

"성은이 망극하옵니다."

임금의 칭찬에 박연은 더욱 고개를 숙여 인사를 했다.

"그런데 말이다, 아홉 번째 경석 소리가 조금 높지 않느냐?"

세종 대왕은 박연에게 조용히 물었다. 임금의 칭찬에 이은 지적에 박연은 서둘러 편경을 살폈다.

"전하, 옳은 지적이시옵니다. 편경을 살피니 경석에 먹물이 살짝 남아 있어 바른 소리가 나지 않았사옵니다. 자리를 가늠하려 먹선을 그었는데 그것이 남아 소리가 높게 나왔사옵니다."

박연은 몸을 숙여 아뢰었다.

"임금님 귀는 당나귀 귀라는 말은 들어 봤어도 이렇게 귀가 밝은 임금님은 처음인걸."

"당나귀 귀라니? 아무 말이나 갖다 붙이긴. 이런 걸 절대 음감이라고 하는 거잖아."

대한이의 호들갑에 고운이가 핀잔을 주었다. 이때 누리가 손을 번쩍 들며 말했다.

"그런데 선생님, 절대 음감이랑 한글 창제랑 무슨 상관이에요?"

"한글은 발음 기관을 본떠서 만들어졌기 때문에 소리를 잘 아는 게 중요했던 거야."

누리와 아이들은 고개를 끄덕였다.

"어떠니? 세종 대왕이 학식에, 음악과 소리에까지 얼마나 뛰어났는지 느껴지지?"

"예!"

아이들이 합창을 하듯 대답했다.

"후대 사람들 중 정말 세종 대왕이 훈민정음을 만들었을까 의심하는 사람들도 있는데 세종 대왕이 얼마나 학식이 뛰어나고 소리에 관심이 많았는지 생각하면 그 의심을 덜 수 있어. 세종 대왕이 훈민정음을 만드는 동안 주위에서 아무런 도움이 없었던 것은 아니었을 거야. 세종 대왕은 훈민정음을 만든 뒤 젊은 집현전 학사 몇 사람에게 해설서인 《훈민정음》해례본을 쓰게 하고, 훈민정음을 이용한 책을 만들게 했으니 간접적으로 도움을 받았다고 할 수 있지. 또 어떤 기록에는 훈민정음을 세종과 세자가 만들었다고 하는 걸로 봐서 왕실 가족이 힘을 모았다고도 볼 수 있어. 실제로《훈민정음》해례본 책의 글씨는 세종 대왕의 셋째 아들인 안평 대군이 쓴 것이고, 둘째 아들 수양 대군은 훈민정음으로《석보상절》이란 글을 써서 바쳤으니까."

"이곳 궁궐이 거대한 도서관 같다는 느낌이 들어요."

"맞아요. 왕과 왕자, 학자들이 머리를 맞대고 문자를 창제했으니 말이에요."

"하하, 그렇게 느꼈다면 너희는 이곳을 제대로 구경한 셈이구나."

궁궐에는 아름다운 음악 소리와 함께 아이들과 학예사 선생님의 웃음 소리도 섞여 들었다.

훈민정음에 담긴 뜻

　'훈민정음'은 우리 문자의 이름입니다. 《조선왕조실록》에는 '임금이 친히 언문 28자를 만드셨다. (중략) 이것을 훈민정음이라 일렀다.'라고 기록되어 있지요. 언문이란 한자가 아닌 글자를 뜻하는 말입니다. 우리나라의 글자도 한자가 아니니 언문이었습니다. 그리고 그 언문의 이름을 '훈민정음'이라고 지은 것입니다. 그러면 왜 세종은 우리 문자의 이름을 훈민정음으로 지었을까요?

　'훈민(訓民)'이란 백성을 가르친다는 뜻입니다. 가르칠 훈(訓)은 주로 신분이 낮은 사람이나 여성에게 사용한 한자입니다. 또 훈민이란 말은 임금만이 사용하던 단어입니다. 따라서 임금인 세종이 직접 신분이 낮은 백성들을 가르치기 위해 만든 것임을 나타냅니다. 그리고 '정음(正音)'은 바른 소리를 뜻합니다. 문자에 '바른 소리'라는 이름을 붙인 것이 조금 이상해 보이지요? 하지만 당시에 말은 우리말을 하면서 글은 한자를 쓰던 것을 생각하면 그 의미를 이해할 수 있습니다. 한자를 읽는 양반들은 글을 읽을 때 한자 소리로 읽었습니다. 하지만 실제 우리말은 한자를 읽는 소리와는 달랐지요. 따라서 한자를 읽는 소리는 바른 소리라고 할 수 없으며, 우리말을 그대로 문자로 옮겨 읽는 소리가 바른 소리라 할 수 있습니다. 이런 이유로 문자에 '정음'이란 이름을 지은 것입니다.

　이처럼 '훈민정음'이란 이름에는 깊은 뜻이 담겨 있습니다. 세종이 문자를 창제한 뒤 이름까지 신중하게 지었다는 걸 알 수 있지요?

훈민정음 vs 훈민정음

1443년 《조선왕조실록》에는 '임금이 친히 언문 28자를 만드셨다. (중략) 이것을 훈민정음이라 일렀다.'라는 기록이 있습니다. 그리고 1446년에 다시 '이달에 훈민정음이 이루어졌다.'라는 기록이 있지요. 똑같은 훈민정음이 1443년과 1446년에 두 번 만들어졌다는 뜻일까요? 1443년의 훈민정음과 1446년의 훈민정음은 무엇이 다른 걸까요?

세종은 1443년에 문자를 창제했습니다. 그리고 그 이름을 훈민정음이라 지었습니다. 그리고 이 문자의 원리와 쓰임을 설명하기 위한 책을 만들었습니다. 이것이 바로 1446년 이룩되었다는 '훈민정음'입니다. 문자의 이름과 문자를 설명하는 책의 이름이 같은 것이지요. 그래서 후대 사람들은 책의 이름을 《훈민정음》 해례본'이라 부르며 이 두 가지를 구분하였습니다.

많은 사람들이 훈민정음이 유네스코 세계 기록 유산이 되었다며 한글 자체를 세계 문화유산으로 생각하기도 하는데, 세계 기록 유산에 등재된 것은 한글이 아니라, 훈민정음 창제 원리 등을 기록한 《훈민정음》 해례본입니다. 우리에겐 두 가지 훈민정음, 즉 '훈민정음'이라는 훌륭한 문자와 이를 해설한 책, 《훈민정음》이 있는 것입니다.

두 번째 비밀, 28자에 담긴 비밀

"아이코!"

 넓고 환한 궁궐에서 낮은 조명의 박물관으로 돌아오자, 아직 어둠에 익숙해지지 못한 대한이는 중심을 잃고 비틀거렸다. 그 때문에 누리까지 덩달아 비틀대다가 결국 바닥에 넘어지고 말았다.

"그 손 좀 놓으라니까."

 넘어진 누리를 부축하며 고운이가 대한이를 나무라듯 말했다.

"누리야, 미안해."

 대한이가 머리를 긁적이며 사과했다.

"아니야, 손 꼭 잡아야 함께 갈 수 있는 거잖아. 괜찮아."

"헤헤, 그렇지? 내가 잘못한 거 아니지?"

 누리의 말에 대한이는 금세 표정을 바꿔 웃었다. 그 모습이 우스워 아이들도 학예사 선생님도 웃고 말았다.

"자, 이제 세종 대왕이 만드신 훈민정음에 대해 좀 알아볼까?"

 학예사 선생님이 박물관 안쪽으로 손짓을 하며 말했다.

"훈민정음이 한글인 거잖아요. 저는 한글을 잘 읽고 쓰는데 또 뭘 알아보죠?"

 고운이가 물었다.

"우리가 사용하는 한글 28자에는 세계인도 놀라는 비밀이 있거든."

 학예사 선생님의 말에 이번에는 나로가 이의를 제기했다.

"한글은 28자가 아니라 24자인데요?"

"맞아, 지금은 24자인데 창제 당시에는 28자였지. 세종 대왕은 고민과 연구를 거듭하여 28자를 만들었는데 각 글자마다 비밀처럼 원리가 담겨 있어."

"그럼 어서 알려 주세요. 전 비밀 같은 거 못 참아요. 어서요."

궁금증 대왕 누리가 학예사 선생님 손을 잡아끌며 앞으로 나섰다. 누리만큼은 아니었지만 비밀이란 말에 궁금증이 생긴 아이들도 그 뒤를 따랐다.

학예사 선생님이 아이들을 데리고 간 곳은 커다란 화면이 있는 곳이었다. 벽에는 '발음 기관을 닮은 자음'이라고 쓰여 있었다.

"어, 이거 손으로 터치하면 화면이 움직이는 거네."

대한이가 스마트폰을 만지듯이 화면을 빠르게 바꾸었다.

"대한아, 그건 장난감이 아니야."

이번에도 고운이가 대한이를 나무라듯 말했다.

"신기해서 한번 해 본 걸 가지고 뭘 그래. 너도 하고 싶었잖아."

대한이는 고운이의 말에 아랑곳하지 않았다.

"다들 화면 바뀌는 것만 신기해하지 말고 그 내용의 신기함을 한번 보려무나."

선생님 말에 아이들은 첫 번째 화면부터 찬찬히 보기로 했다.

"여기서는 자음이 어떤 원리로 만들어졌는지 보여 주고 있어. 벽에 쓰여 있는 대로 자음은 발음 기관의 모양을 본떠서 만들었어. 《훈민정음》 해례본에도 초성, 즉 자음은 발음 기관의 모양을 본떠서 만들었다고 쓰여 있지."

화면에는 발음 기관의 모습과 함께 각 자음이 만들어진 원리가 쓰여 있었다.

"〈ㄱ〉은 어금닛소리, 혀뿌리가 목구멍을 막는 모양을 본뜬 것이다."
"〈ㄴ〉은 혓소리, 혀가 윗잇몸에 닿는 모양을 본뜬 것이다."
"〈ㅁ〉은 입술소리, 입의 모양을 본뜬 것이다."
"〈ㅅ〉은 잇소리, 이의 모양을 본뜬 것이다."
"〈ㅇ〉은 목구멍소리, 목구멍의 모양을 본뜬 것이다."

아이들은 화면의 글을 돌아가며 한 사람씩 소리 내어 읽었다. 하지만 무슨 말인지 알듯 말듯 했다. 학예사 선생님은 그런 아이들의 마음을 읽어 냈다.

"아무래도 글로 읽어서는 이해가 잘 안 되지?"
"예."
"그러면 이번에는 직접 입속으로 들어가 보자꾸나."
"예에?"
아이들은 입속으로 간다는 말에 놀라 소리쳤다.
"이제 적응할 때도 되지 않았니? 자, 다시 손을 잡자."
학예사 선생님은 아이들과 찬찬히 눈을 맞추고 아이들의 손을 잡았다. 아이들은 다시 설레는 맘이 되어 서로의 손을 잡았다.

"자, 입속으로!"
"으, 이게 뭐야?"
붉고 말캉한 벽에 붙어서 대한이가 인상을 찡그렸다.
"우아, 정말 우리가 입속에 있는 건가 봐."
누리가 신기해하며 말했다. 그러자 고운이가 코를 감싸 쥐었다.
"어유, 입 냄새 나는 거 같아."
"내 머리에 침 묻었어."
축축해진 한쪽 머리카락을 만지며 나로도 울상이 되었다.
"하하, 그러면 빨리 보고 여기서 나가자꾸나. 자, 집중해서 입속을 좀 둘러보렴."
아이들은 겨우 진정을 하고 입속을 살폈다. 말을 하고 있는 건지 입속은 한시도 쉬지 않고 움직였다.
"세종 대왕은 오랜 연구 끝에 소리가 어떤 과정을 통해 나오는지 알게 되었지. 그리고 그 차이에 따라 닿소리와 홀소리로 구분을 했어."
"닿소리는 자음, 홀소리는 모음이지요?"
나로의 말에 학예사 선생님이 흡족한 표정을 지었다.
"맞아. 닿소리는 자음, 초성과 종성으로 쓰이고, 홀소리는 모음, 중성으로 쓰이지. 자, 그럼 닿소리 먼저 몸으로 경험해 볼까?"
대장답게 누리가 먼저 해 보겠다며 손을 들었다. 그러자 학예사 선생님이 누리를 혀의 뿌리 부분에 서게 했다. 그러자 혀뿌리 부분이 올라가며 소리가 났다.

"어이쿠!"

혀뿌리에 서 있던 누리는 혀뿌리가 올라가자 휘청거리더니 곧 중심을 잡고 혀 모양을 살폈다.

"혀뿌리가 올라가니까 혀의 모양이 갈고리처럼 휘어졌어요."

"갈고리 같으면 어떤 글자 모양과 같을까?"

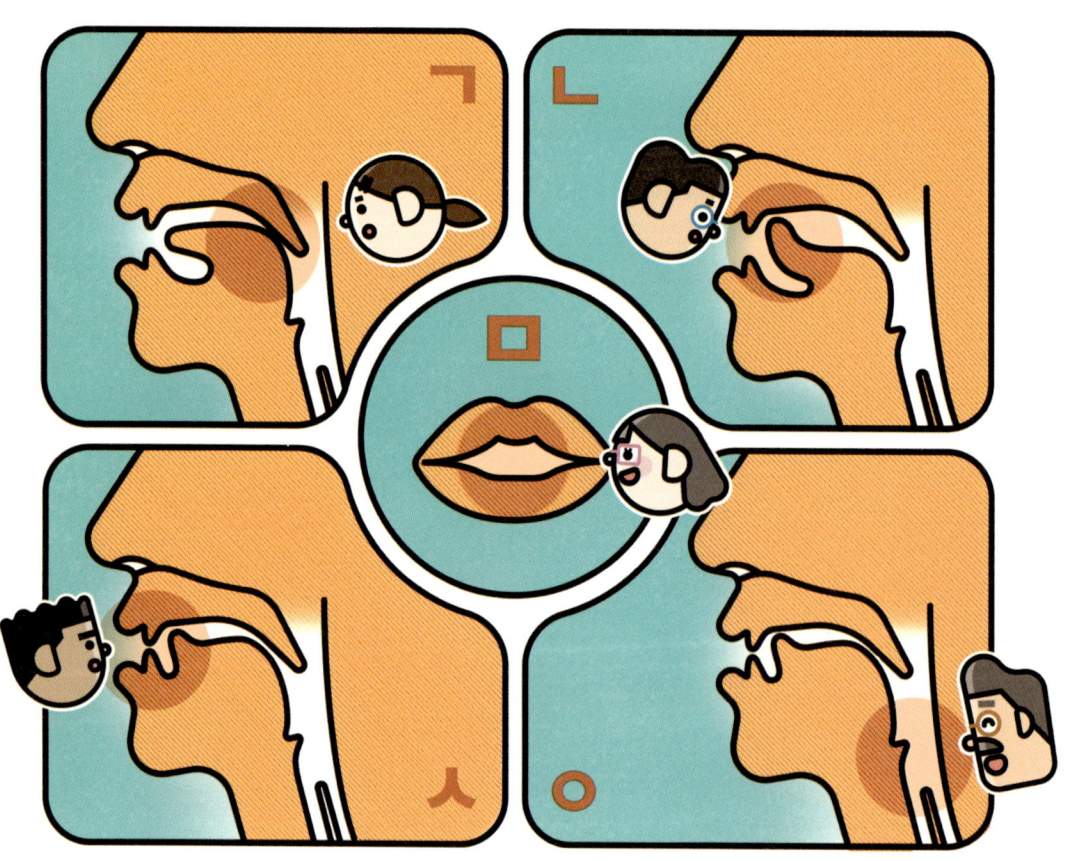

"아, 〈ㄱ〉이오!"

누리와 아이들은 학예사 선생님의 설명이 단번에 이해가 되었다.

"모두, '그' 하고 소리를 내 보겠니? 그리고 천천히 '가, 갸, 거, 겨' 하고 소리를 내 봐."

학예사 선생님 말대로 아이들은 소리를 냈다. 정말 혀뿌리가 목구멍을 막는 듯한 느낌이 들었다.

"이제 〈ㄴ〉을 알아보자꾸나."

이번에는 나로가 손을 들었다. 학예사 선생님은 나로를 혀 위에 올려 주었다. 그러자 혀가 움직여 잇몸에 닿으며 소리를 냈다. 혀의 모양은 영락없는 〈ㄴ〉이었다.

"우아, 혀 모양이 〈ㄴ〉이에요!"

발음을 할 때마다 자음의 모양이 만들어지자 구경만 하고 있던 고운이가 나섰다.

"선생님, 저도요."

학예사 선생님은 고운이를 입술에 올려 주었다. 그러자 입술이 살짝 붙었다 떨어지며 소리가 났다.

"〈ㅁ〉은 입술이 벌어진 모양을 본떠서 만들었군요."

이제 학예사 선생님이 설명하지 않아도 아이들은 닿소리가 어떤 모습을 본떴는지 척척 알아차렸다. 다음 차례는 대한이였다. 학예사 선생님은 대한이를 앞니에 올려 주었다. 그러자 혀가 이에 닿거나 스치며, 이 사이로 공기가 나가며 소리가 났다.

"〈ㅅ〉은 이 사이로 소리가 나네요."

대한이가 놀라운 발견을 한 듯 의기양양하게 말했다.

"맞았다. 그래서 〈ㅅ〉은 이의 모양을 본뜬 것이지."

이제 마지막으로 〈ㅇ〉만 남았다. 아이들은 서로 해 보겠다며 손을 들었다. 하지만 학예사 선생님은 누구의 청도 들어주지 않았다.

"〈ㅇ〉은 목구멍에서 나는 소리란다. 세종 대왕은 목구멍이 둥근 것을 떠올려 이런 모양의 자음을 만들었지. 그래서 〈ㅇ〉은 너희의 부탁을 들어줄 수가 없구나."

"목구멍 속으로 쏙 빠질까 봐요?"

"그래, 그런 일이 생기면 안 되니까."

목구멍으로 빠진다는 말에 아이들은 오싹한 기분이 들었다. 아이들은 어서 돌아가자며 학예사 선생님 옆으로 다가와 손을 잡았다.

"그래. 모두 발음 기관을 닮은 자음에 대해 잘 알았으니, 어서 박물관으로 돌아가자."

박물관으로 돌아온 아이들은 입속에서 있었던 일을 떠올리며 계속되는 화면 설명을 더 자세히 보았다.

"〈ㅋ〉, 〈ㄲ〉은 〈ㄱ〉과 같은 어금닛소리 가족들이네요? 서로 닮은 점이 있어요."

"가족이라, 그 표현 참 재미있구나. 우리말은 기본 자음에 획을 더해 나머지 자음을 만들었단다. 그리고 또 자음을 겹쳐 써서 된소리를 만들고 말이야."

"선생님, 그럼 제가 한번 만들어 볼게요."

누리가 정성을 담아서 하나씩 발음을 하기 시작했다.

"그, 크, ㄲ."

"〈ㄱ〉에서 시작해서 선 하나 더 그어서 〈ㅋ〉이 되고, 〈ㄱ〉을 겹쳐 써서 〈ㄲ〉이 되는 거죠?

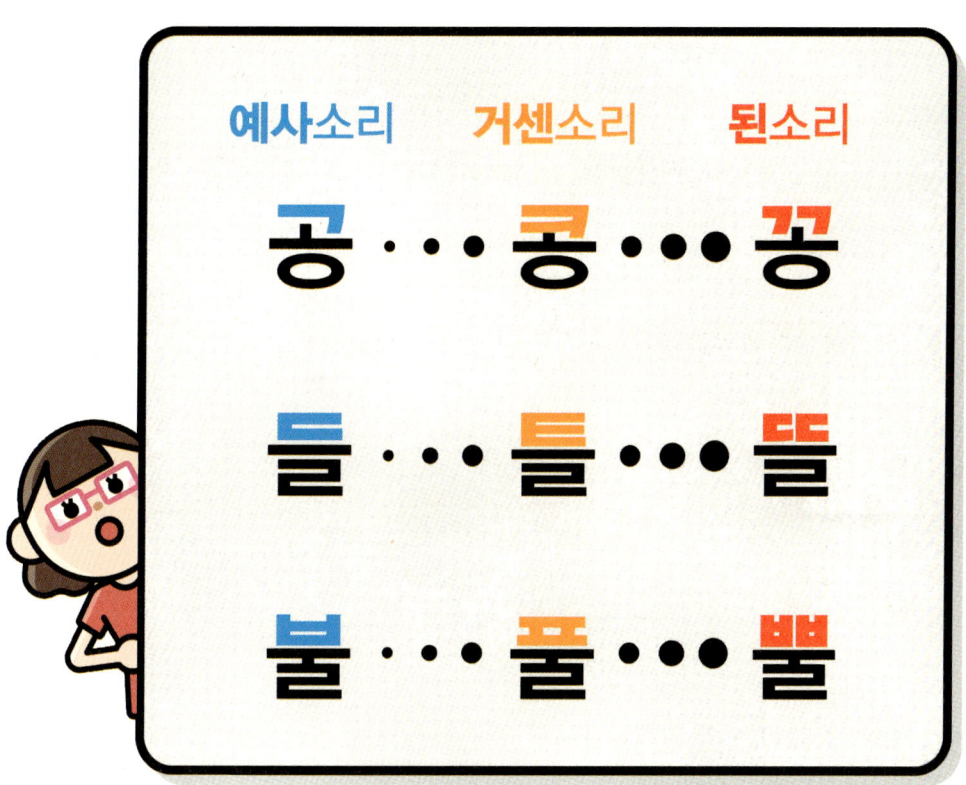

"맞아, 대한이가 설명을 아주 잘했다."

"그럼 다음 건 제가 만들게요. 드, 트, 뜨."

고운이가 정확하게 발음을 했다.

"그래, 잘했다. 〈ㄷ〉은 〈ㄴ〉에 획을 더해서 만들어졌고, 또 획을 하나 더 그어 〈ㅌ〉이 된 거야. 〈ㄷ〉을 겹쳐 써서 〈ㄸ〉이 된 거고. 자음은 이런 방식으로 모두 17개가 만들어졌지."

"자음이 발음 기관의 모양을 닮은 것도 신기했는데 이렇게 간단한 원리로 연결되어 완성되었다니 더 신기해요."

나로가 웃으며 말했다.

"그런데 이게 다가 아니란다. 아직 모음이 남았지."

학예사 선생님이 다음 화면 앞으로 나로의 손을 잡아끌었다. 그곳에는 '세상을 담은 모음'이라 쓰여 있었다.

"세종 대왕님은 우주의 모든 소리를 담을 수 있는 문자를 만들고 싶었어. 우주라는 것이 사람, 하늘, 땅이 어울려 있는 곳 아니겠니? 그래서 모음에 사람, 하늘, 땅을 담았지."

"모음 어디에요?"

대한이가 이해할 수 없어 답답해했다. 이때 누리가 끼어들었다.

"사람은 〈ㅣ〉로 나타냈을 것 같아요. 서 있는 사람으로."

"아, 그럼 〈ㅡ〉는 땅이겠네요. 평평하니까."

대한이도 뒤이어 말했다. 학예사 선생님은 고개를 끄덕였다.

"그럼 하늘이 〈·〉이라고요? 하늘이 얼마나 넓은데 고작 점이라니 말도 안 돼."

고운이가 이해할 수 없어 했다.

"하늘을 간단하게 표현하려니 동그라미를 크게 그리게 되었는데 이것이 이미 자음에 있고, 영 마땅치가 않았지. 그래서 고민 끝에 동그라미를 줄인 듯 점으로 나타내게 된 거야."

고운이는 학예사 선생님의 말을 듣고서야 고개를 끄덕였다.

"이렇게 세 가지를 정하고 나니 나머지는 자음 때처럼 간단하게 만들 수가 있었단다. 점을 위아래나 양옆으로, 혹은 하나나 두 개씩 찍어서 나머지 모음을 만들었지."
 "'아, 야, 어, 여, 오, 요, 우, 유, 으, 이' 이렇게요?"
 "하하. 맞다, 맞아."
 아이들은 오랜만에 어린 시절 외웠던 자음과 모음을 리듬에 맞춰 다시 외워 보았다. 다같이 입을 맞춰 외우니 아이들은 노래를 부르는 것처럼 즐거웠다.

스마트폰을 대면
한글 창제 원리와 운용 원리를
알려 주는 영상을 볼 수 있어요.

훈민정음은 옛날에 28자였다는데 어떤 글자가 사라진 거죠?

ㄱㅋㆁㄷㅌㄴㅂㅍㅁㅈㅊㅅㆆㅎㅇㄹㅿ
ㆍㅡㅣㅗㅏㅜㅓㅛㅑㅠㅕ

이것은 《훈민정음》 해례본에 담긴 자음 17자와 모음 11자입니다. 그런데 우리 눈에 낯선 글자가 있습니다. 바로 ㆁ, ㆆ, ㅿ, ㆍ 입니다. 이 네 글자는 오늘날에는 사라져서 사용하지 않기 때문입니다. 여기서는 사라진 네 글자에 대해 알아보겠습니다.

먼저 〈ㆁ〉은 '옛이응'입니다. 옛이응은 오늘날 받침으로 쓰이는 〈ㅇ〉 소리와 비슷합니다. 그래서 이응만 남고 옛이응은 사라지게 되었습니다.

〈ㆆ〉는 '된이응' 혹은 '여린히읗'이라 하여 〈ㅇ〉보다는 되고, 〈ㅎ〉보다는 여린 소리였습니다. 이런 소리는 우리말이 아닌 한자를 읽을 때 필요했습니다. 그러다 보니 자연스레 사라지게 되었습니다.

삼각형 모양의 〈ㅿ〉은 '반잇소리'라고 합니다. 영어의 'Z' 발음과 비슷한 소리라고 말해지고 있습니다. 옛날에는 가을을 '가.'이라 썼지요.

〈ㆍ〉은 '아래아'라고 합니다. 〈ㅏ〉와 〈ㅗ〉의 중간 소리였습니다. 이것 역시 사라지고 지금은 쓰이지 않습니다.

그리고 기본 글자는 아니었지만 옛날에는 〈ㅸ〉도 있었습니다. 〈ㅸ〉은 '입술 가벼운 비읍'이라 하여 〈ㅂ〉보다 가벼운 소리를 냈습니다. 하지만 이것도 더 이상은 쓰이지 않습니다.

세 번째 비밀, 한나절 만에 글을 읽을 수 있다고?

"역시 한글은 뛰어나. 그래서 내가 어릴 때 글을 쉽게 배웠나 봐."

"어릴 때? 너 몇 살에 한글 읽었는데?"

누리의 말에 대한이가 물었다.

"엄마가 다섯 살에 읽었다고 했어."

"그래? 너 같은 애 때문에 나만 곤란했구나."

"곤란했다고?"

곤란했다는 대한이의 말에 모두들 무슨 사연인지 궁금해했다.

"지금이야 편히 말하지만 난 일곱 살까지도 한글을 잘 몰랐거든. 배워도 잘 모르겠더라고. 그래서 모른다고 했더니 어떤 아저씨가 나 보고 외국에서 왔느냐고 하는 바람에 우리 엄마가 창피했대."

대한이의 고백에 아이들은 웃음을 터트렸다. 하지만 학예사 선생님은 진심으로 대한이를 위로했다.

"대한아, 그땐 네가 아직 어려서 그런 거야. 어릴 때부터 한글이다, 영어다 공부를 시키는 어른들이 잘못이지."

"예, 이제는 괜찮아요. 누구보다 한글을 잘 쓰고, 사랑하니까요."

학예사 선생님의 위로에 대한이는 다시 씩씩하게 말했다.

"그래, 어느 정도 자라서 한글을 배우면 한글은 누구든 쉽게 배울 수 있는 문자란다. 이번에는 그 이야기를 해 주마."

학예사 선생님과 아이들은 '합자'라는 낯선 글자 앞에 섰다.

"합자? 이건 또 다른 글자인가요?"

"수를 더할 때 합한다고 하지? 합자는 자음과 모음을 합한 것을 말한단다."

아이들은 합자를 보여 주는 화면을 터치해 보았다.

"자음과 모음이 좌우로 혹은 위아래로, 또 자음, 모음, 자음이 좌·우·하 혹은 상·중·하 등으로 배열되는 거지."

학예사 선생님의 설명을 들으며 화면을 보니 자음과 모음은 다양한 글자를 만들어 냈다.

"와! 우리는 당연하게 쓰고 있었는데 따져 보니 한글에 이런 원리가 있었네요."

누리가 신기해하며 말했다.

"아하, 이렇게 자음과 모음을 합해서 다양한 글자를 만들 수 있으니까 한나절 만에 배울 정도로 쉽다고 했군요."

고운이도 합자의 원리를 보며 감탄하듯 말했다.

"맞다. 한나절 만에 배울 수 있다는 건 그 정도로 한글이 쉽다는 걸 뜻하는 말이지."

학예사 선생님의 말이 끝나자 고운이는 바로 대한이를 놀렸다.

"이렇게 쉬운 걸 넌 왜 그렇게 늦게 배웠니?"

"아까 선생님 말씀하신 거 못 들었어? 다 어른들 잘못이라고."

대한이는 기죽지 않고 맞섰다.

진지한 표정의 나로가 새로운 이야기를 꺼냈다.

"그렇다면 자음과 모음만 있으면 못 만들 글자가 없겠네요."

"나로가 합자를 잘 이해했구나. 이렇게 글자를 만들면 한국어 말소리 가운데 한글로 표현하지 못하는 소리가 거의 없어."

이 말을 듣고 갑자기 대한이가 요상한 소리를 냈다. 다들 놀라 대한이를 쳐다봤다. 그러자 이번에는 조금 천천히 요상한 소리를 내더니 이렇게 말했다.

"제가 방금 낸 소리도 글자로 쓸 수 있어요?"

"하하, 그럼. 한글은 거의 모든 소리를 글자로 쓴다고 했잖아. 아주 똑같지는 않아도 쓸 수 있지."

그러자 누리가 허공에 대고 글자를 쓰기 시작했다.

"방금, '에헤이요오옹'이라고 한 거지?"

대한이는 고개를 끄덕였다. 아이들은 저마다 동물 소리나 바람 소리를 흉내 내고, 허공에 대고 소리를 글자로 옮겨 써 보았다.

"정말 자음과 모음을 합하기만 하면 거의 모든 소리가 글자로 옮겨지네요. 한글은 알면 알수록 훌륭한 점이 많아요."

"그런데 이게 다가 아니란다."

학예사 선생님은 벽 쪽으로 가더니 들고 있던 종이로 노란 글자를 가리고, 아이들에게 위에 있는 파란색 글자를 읽어 보라고 했다.

'ㅁㅗㅇㅏㅆㅡㄴㅡㄴㅎㅏㄴㄱㅡㄹ'

아이들이 더듬대듯 느리게 읽었다.

"모아쓰는 한글."

그제야 학예사 선생님이 가리고 있던 종이를 치웠다. 그러자 아이들이 읽었던 '모아쓰는 한글'이라는 글자가 나왔다.

"한때는 영어 알파벳 쓰듯이 자음과 모음을 나열하여 쓰자는 주장을 한 사람도 있었어. 그런데 그렇게 쓰면 방금 너희가 경험한 것처럼 읽기에 불편하지. 그래서 한글은 모아쓰기 방식을 사용하고 있어. 우리나라 사람들은 한글에 워낙 익숙해서 한글을 다 안다고 생각하지만 사실은 그렇지 않아. 한글에는 많은 원리가 있지. 이렇게 한글의 원리를 속속들이 알지 못해도 불편함 없이 한글을 쓸 수 있는 건 세종 대왕의 오랜 고민이 있었기 때문이야."

"정말 그런 거 같아요. 쉽고 편하게 쓰게 하려면 그만큼 고민이 많아야 가능하니까요."

나로가 한껏 진지한 표정으로 말했다. 그러자 대한이가 갑자기 소리쳤다.

"한글, 원더풀!"

"너, 영어 싫어한다며 이런 순간에는 어울리지 않게 영어냐."

고운이가 대한이를 나무랐다. 대한이도 그 말이 틀리지 않은 거 같아 머쓱해했다.

"아무튼 최고의 문자를 만들었으니 한글이 창제될 당시 조선은 축제 분위기였겠어요. 그렇죠?"

누리의 말에 학예사 선생님은 고개를 가로저었다.

"전혀 그렇지 않았단다."

"왜요?"

아이들은 약속이라도 한 듯 물었다. 한나절 만에 배울 정도로 쉽게 만들어진 문자를 반기지 않았다는 것을 이해할 수 없었다.

《훈민정음》 해례본의 구성

《훈민정음》 해례본은 문자 해설서입니다. 문자의 원리와 쓰임을 책으로 만든 사례는 세계사에서 찾아볼 수 없는 일이라 큰 의미가 있지요. 그럼, 《훈민정음》 해례본은 어떻게 구성되어 있을까요?

《훈민정음》 해례본은 본문과 해례로 나뉩니다. 본문은 세종이 쓰고, 해례는 정인지를 비롯한 집현전 학자들이 쓴 것입니다.

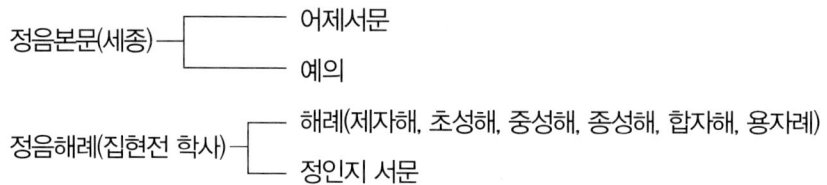

먼저 세종이 쓴 본문은 '어제서문'과 '예의'로 나뉘는데 어제서문에서 세종은 새로운 문자를 창제한 목적을 이야기했습니다. 우리말과 중국어가 달라 한자로 우리말을 표현하는 데 어려움이 있으며, 백성들이 한자를 배우기 어려우니 새 문자로 편히 쓰기를 바란다는 내용이지요. 그리고 예의에서는 새 문자의 발음과 운용 방식을 설명했습니다.

집현전 학자들이 쓴 '해례'는 세종이 적은 예의의 내용을 더 자세히 설명하는 역할을 합니다. 해례라는 것이 해설과 예시라는 의미인 만큼 기본자를 만든 원리인 '제자해'를 시작으로 문자의 초성(자음)을 설명하는 '초성해', 중성(모음)을 설명하는 '중성해', 종성(받침)을 설명하는 '종성해'로 이어집니다. 그리고 초성, 중성, 종성이 만나 글자가 되는

'합자해'를 두고, '용자례'에서는 실제 사용하는 표기의 예를 들어 설명하지요. 해례 뒤에는 정인지의 서문이 있습니다. 서문은 보통 책의 앞에 오는 것이지만 세종의 서문이 있기 때문에 정인지의 서문은 책의 끝에 넣게 되었습니다. 정인지는 서문에서 세종이 왜 문자를 만들었는지 다시 한번 강조하고, 훈민정음에 천지 만물의 이치를 담았다고 이야기합니다. 더불어 28자로 바람 소리, 동물 소리 등 다양한 소리를 나타낼 수 있으며, 슬기로운 사람은 한나절이면 글을 깨치고, 어리석은 사람이라도 열흘이면 배울 수 있는 글자라고 소개합니다.

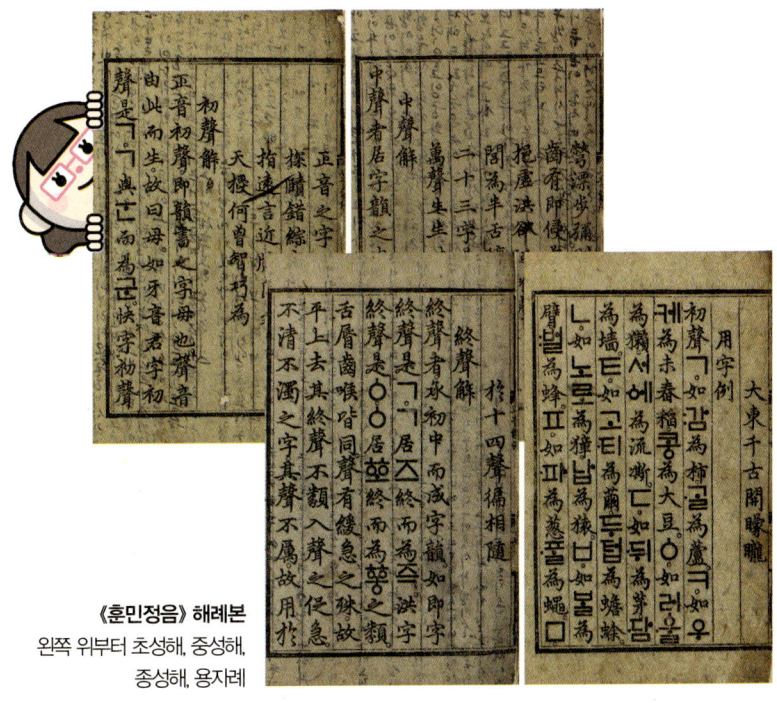

《훈민정음》 해례본
왼쪽 위부터 초성해, 중성해,
종성해, 용자례

《월인석보》

《월인석보》는 《월인천강지곡》과 《석보상절》을 합하여 만든 책입니다. 1459년, 세조(수양 대군)가 아버지 세종이 지은 《월인천강지곡》을 본문으로 하고, 자신이 쓴 《석보상절》을 붙여 책을 낸 것입니다. 《월인석보》 1권의 첫머리에는 《훈민정음》 해례본의 예의편을 한글로 번역한 《훈민정음》 언해본이 실려 있어서 의미가 큽니다.

《석보상절》은 한글로 쓰인 최초의 산문으로 알려져 있습니다. 수양 대군이 돌아가신 어머니 소헌 왕후의 명복을 빌기 위해 쓴 글로, 불경에 나온 석가모니의 일대기를 정리한 것이지요. 수양 대군은 《석보상절》을 세종에게 바쳤고, 이를 본 세종은 《월인천강지곡》이라는 노래를 짓습니다. 《월인천강지곡》은 석가모니(부처)의 공덕을 기리는 내용입니다. '월인천강'은 하나의 달이 천 개의 강을 비춘다는 뜻으로 부처의 가르침을 의미합니다.

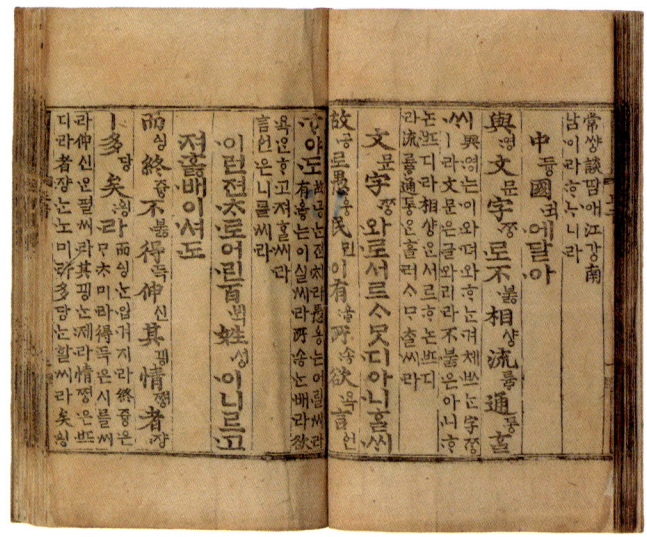

《월인석보》의 《훈민정음》 언해본 부분

네 번째 비밀, 창제 후 3년간의 사건

학예사 선생님의 설명을 들을수록 아이들의 한글에 대한 자부심은 커지고 있었다. 이런 훌륭한 문자라면 두고두고 자랑하고, 감사해야 할 일이라고 생각했다. 하지만 당시의 상황은 아이들이 생각하는 것과는 다르다니 어찌 된 일인지 궁금했다.

"모두의 눈망울에 어느새 궁금증이 가득해졌구나."

학예사 선생님이 아이들과 눈을 맞추더니 말했다.

"처음에 최만리인가요? 그분이 상소를 올렸을 때도 이상했는데 당시에는 왜 한글을 반기지 않은 거죠?"

대한이가 답답한 듯 질문하자 학예사 선생님은 허허 웃으며 말했다.

"아무래도 우리가 다시 그곳으로 가 봐야겠구나. 그래야 너희의 궁금증이 풀리겠어."

아이들은 이제 먼저 나서서 학예사 선생님의 손을 잡았다.

"자, 이제 떠나 볼까?"

학예사 선생님의 손에 힘이 들어가면서 아이들은 어느새 조선 시대로 갔다.

때는 1444년 2월. 궁궐에는 뭔지 모를 긴장감이 흐르고 있었다.

"임금께서 문자를 만드셨다는 말 들었나?"

"그러게. 그래서 그동안 세자 저하께 나랏일을 맡겼다고들 하던데."

"참, 놀라운 일이야. 문자를 만들다니."

"맞아, 명나라에서 알면 어쩌려고 한자를 두고 문자를 만드신 걸까?"
궁궐 사람들의 수군거림은 궁궐로 온 아이들에게도 들렸다.
"선생님, 저 말이 무슨 뜻이에요?"
"훈민정음은 세종 대왕의 비밀 프로젝트라고 했지?《세종실록》을 보아도 훈민정음에 대한 기록은 창제 전까지 찾아볼 수 없단다. 세종 대왕은 창제하기 6년 전부터 세자에게 나랏일을 맡겼는데 이때 한글을 발명한 것이 아닌가 추측하고 있어."
"와, 한글이 정말 쉽고 과학적인 문자구나 했더니, 그런 오랜 노력이 있었군요!"
"절대 음감을 지녔을 만큼 소리에 밝았던 세종 대왕은 연구를 거듭해서 모든 소리를 표현할 수 있는 문자를 만들려고 했어. 그러기 위해 죽은 사람의 몸을 살펴본 경험이 있는 의원을 불러 발음 기관의 해부도까지 그려 보라고 했지. 소리에 대한 모든 연구를 한 거야."
"세종 대왕님, 최고!"
대한이가 엄지손가락을 들어 올렸다.
"그런데 궁궐 분위기는 네 기분이랑은 전혀 다른 거 같은데?"
눈치 빠른 누리가 주위를 살피며 말했다.
"그래. 당시 조선은 세워진 지 약 50년밖에 되지 않은 나라이다 보니 강대국인 중국의 눈치를 봐야 했어. 당시에는 중국의 문자인 한자와 중국 문화를 따르는 것이 당연한 일이었지. 그래서 새로운 문자를 만드는 것이 중국에 맞서는 것으로 비춰질까 봐 걱정한 거야."

그때 궁궐의 신하들이 어디론가 급히 가는 것이 보였다.

"어, 저 사람은 최만리 아닌가요?"

처음 조선 시대로 가서 보았던 최만리를 대한이가 알아봤다.

"그래. 그때 최만리와 여섯 명의 신하들이 훈민정음 반포를 반대하는 상소를 올렸지. 지금 그 이야기를 나누기 위해 세종 대왕에게 가는 모양이구나. 어서 가서 이번에는 반대 이유를 더 자세히 알아보자."

학예사 선생님과 아이들은 최만리 일행의 뒤를 서둘러 따라갔다.

"전하, 어찌하여 이리 갑자기 문자 창제를 알리시옵니까?"

최만리와 신하들은 임금에게 뜻을 거둬 달라며 간청했다. 하지만 세종 대왕은 꿈쩍도 하지 않았다. 최만리는 나서서 반대 이유를 조목조목 말했다.

"우리 조선은 예로부터 중국 명나라를 섬겨 왔습니다. 중국의 문자와 제도를 배우고 익혀 발전된 나라가 되었습니다. 그런데 새로 문자를 만들다니 중국을 섬기는 데 부끄러움이 있사옵니다. 또한 문자를 따로 쓰는 나라들은 모두 오랑캐이온데 어찌 오랑캐가 되려 하십니까. 우리에겐 설총이 만든 이두가 있사옵니다. 이두는 한자를 익혀 우리말을 표현할 수 있으니 이미 불편함은 해결했다 할 것입니다. 그러니 언문은 아무 이익이 없는 문자이옵니다."

그러자 세종 대왕은 이렇게 말했다.

"우리말을 표현하기 위해 설총이 만든 이두는 옳다 하고, 임금이 만든 훈민정음은 그르다 하니 이해할 수가 없구나."

세종 대왕은 언짢아 보였다. 하지만 최만리는 다시 말을 이었다.

"언문은 영리한 자라면 한나절이면 배우고, 어리석은 자도 열흘이면 배울 수 있는 문자이옵니다. 그렇다면 백성들이 모두 편한 것만 좇아 중요한 한자와 한문 연마에 게을러질까 걱정이옵니다."

"문자는 학문에만 한정되는 것이 아니다. 백성들이 글을 몰라 억울한 일이 있어도 관에 알리지 못하고 있다. 나는 백성들이 쉽게 문자를 사용하여 억울한 일이 없게 하고, 편히 책을 읽게 하여 삼강오륜을 가르치려 하는 것이다."

"백성들이 억울한 옥살이를 하는 것은 문자의 문제가 아니라 관리들이 공평하지 못해서입니다. 한자를 사용하는 중국에도 억울한 일은 일어나는 법이니 이것은 문자의 문제가 아니옵니다."

최만리는 뜻을 굽히지 않고 말했다. 그리고 뒤이어 나머지 신하들이 입을 맞춰 말했다.

"전하, 언문은 아니 되옵니다. 통촉하여 주시옵소서."

세종 대왕은 긴 한숨을 내쉬었다. 그리고 이렇게 말했다.

"내가 너희를 부른 것은 죄를 주려 한 것이 아니다. 다만 상소에 대해 한두 가지 물으려 한 것인데 처음에는 언문을 만드는 것이 어떠냐 했던 신하도 이제 와 아니 된다 말을 바꾸니, 이것이 어찌 선비가 할 말이란 말이냐."

세종 대왕은 평소와 달리 훈민정음에 대해 말을 바꾼 몇몇 신하들을 호되게 나무랐다.

"너희들의 죄는 벗기 어렵다. 이들을 당장 옥에 가두어라."

세종 대왕의 명령은 단호했다. 집현전 최고 관리인 부제학 최만리를 비롯하여 신석조, 김문, 하위지, 정창손, 송처검, 조근이 의금부로 끌려갔다.

궁궐 구석에서 숨어서 보고 있던 고운이가 살벌한 분위기에 몸을 떨었다.

"어머, 너무 무서워. 우리도 들켜서 잡혀가는 거 아니야?"

고운이의 말에 아이들이 모두 학예사 선생님을 보았다.

"그럴 일은 없으니 걱정 말렴. 우리가 먼저 말을 걸지만 않으면 이곳에서 우리를 볼 수 있는 사람은 없단다."

학예사 선생님의 말에 아이들은 안심했다. 하지만 걱정이 모두 사라진 건 아니었다.

"그런데 저분들은 옥에서 고생하실까요?"

누리가 잡혀가는 신하들을 보며 물었다. 학예사 선생님은 고개를 가로저었다.

"그렇지 않아. 저 신하들은 대부분 다음 날 옥에서 풀려나지. 그리고 풀려나지 못한 신하들도 얼마 후 원래 자리로 돌아가게 돼."

"세종 대왕이 화가 많이 나신 것 같은데, 금방 풀어 주신다고요?"

"화가 난 듯 보이지만 세종 대왕은 신하들의 말을 이해하고 있었던 거지. 당시 시대 상황으로 보았을 때 최만리의 상소는 크게 잘못된 것이 없었거든. 중국과의 관계를 고려해야 하는 것은 조선의 임금으로서 당연한 것이었고, 지금까지 한자만 공부한 사람들의 입장에서 갑자기 등장한 훈민정음이 반가울 수만은 없다는 것도 이해가 됐고 말이야."

"아, 그래서 하루만 옥에 가두고 풀어 주신 거구나."

"그래, 그리고 우리도 최만리를 비롯해서 훈민정음 반포를 반대한 학자들을 미워하기보다 그들로 인해 이루어진 좋은 점도 한번 생각해 봐야 할 거야."

"좋은 점이라고요?"

나로가 의아해했다.

"최만리와 학자들의 상소문을 자세히 살펴보면 훈민정음이 어떻게 창제되었는지와 어떤 문자인지가 잘 드러나거든. 먼저 갑자기 창제했다는

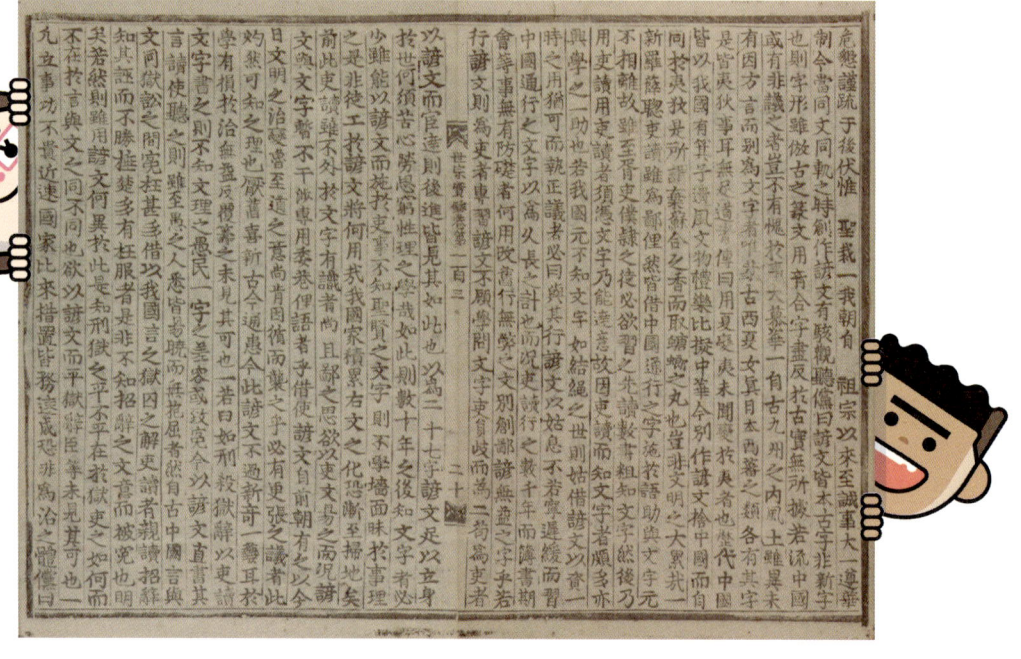

《조선왕조실록》에 실린 최만리 등의 상소문
1444년에 올려진 최만리 등의 상소문. 한글 창제를 반대하는 글이지만 훈민정음이 말과 글이 일치하는 글자라는 내용을 담고 있습니다.

말이 있는데 이것으로 후대 학자들은 훈민정음 창제가 비밀리에 이루어졌다는 것을 알 수 있었지. 그리고 세종 대왕이 훈민정음 창제자라는 것도 말이야."

"아, 맞다."

"그리고 최만리는 상소문에서 언문을 익히면 한자 공부를 게을리할 거라고 했어. 이건 훈민정음이 얼마나 쉽고 좋은 문자인지를 알려 주는 말이지."

"정말! 한자를 물러나게 할 정도로 좋은 문자라는 뜻이 되네요."

"또 최만리는 훈민정음을 급하게 반포하려는 세종 대왕에게 여러 사람의 의견도 듣지 않고, 한문으로 된 문서를 경솔히 고치고, 언문을 억지로 갖다 붙이면 후대 사람들이 어떻게 받아들이겠느냐고 말하지. 아마도 그 때문에《훈민정음》해례본이 더 잘 만들어지지 않았을까?《용비어천가》도 만들고 말이야."

"정말 그럴 수 있겠네요. 이렇게 듣고 보니 최만리의 상소는 생각할 거리가 많은 거 같아요."

이렇게 하여 아이들은 창제 당시 상황을 이해할 수 있었다. 아이들은 학예사 선생님의 손을 잡고 웃으며 조선 시대를 떠났다.

《용비어천가》

　세종은 훈민정음을 창제한 후 반포하기 전까지 많은 노력을 기울입니다. 그중 하나가 《용비어천가》를 펴낸 것입니다. 용비어천가는 '용이 날아올라 하늘을 본받아 행한다.'라는 뜻으로, 조선을 세운 여섯 대 선조들의 행적을 노래한 서사시입니다. 세종은 조선 초기 왕으로서 조선 건국의 정당성과 영원함을 시에 담고자 했습니다. 정인지, 권제, 안지 등의 학자들이 좋은 글을 지었고, 시를 보고 만족한 세종은 그 시를 '용비어천가'라 하였습니다. 그리하여 훈민정음으로 쓰인 최초의 서사시가 완성된 것입니다.

　《용비어천가》는 한글로 쓰인 시와 한시, 또 시와 관련된 역사적 사실을 담은 내용으로 구성되어 있습니다. 시가 완성된 것은 1445년이었지만 역사적 사실과 전설 등을 보충하여 1447년에 펴냈습니다.

불휘기픈남ᄀᆞᆫᄇᆞᄅᆞ매아니뮐씨
곶됴코여름하ᄂᆞ니
시미기픈므른ᄀᆞᄆᆞ래아니그츨씨
내히이러바ᄅᆞ래가ᄂᆞ니

뿌리가 깊은 나무는 바람에 흔들리지 않으므로
꽃이 좋고 열매가 많으니
샘이 깊은 물은 가뭄에도 마르지 않으므로
냇물을 이루어 바다로 가니　　　－《용비어천가》 2장

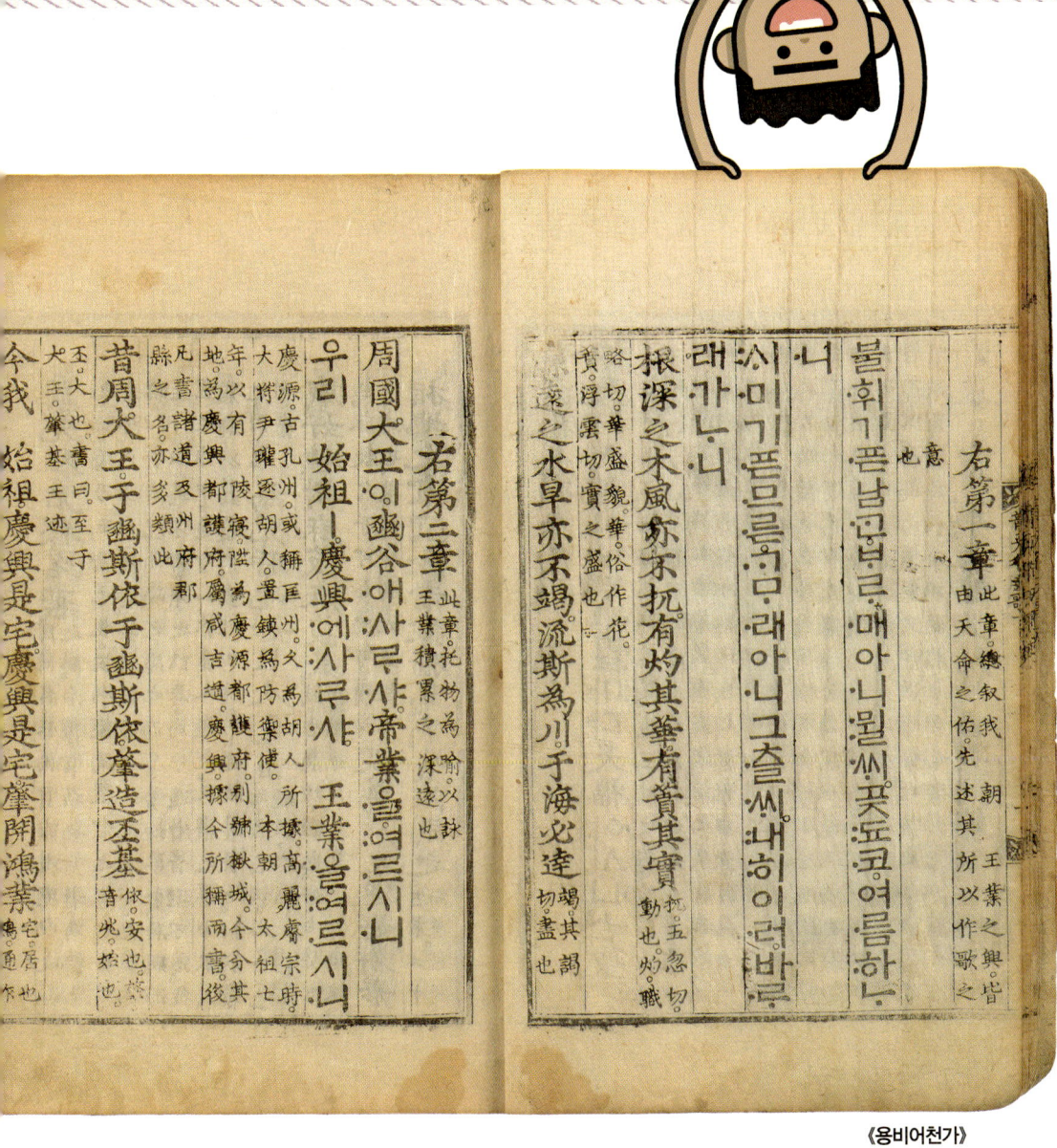

《용비어천가》

3. 훈민정음을 지켜라!

박물관으로 돌아온 아이들은 한 권의 책 앞에 섰다.
"이것이 바로 《훈민정음》 해례본이란다."
"1446년 반포될 때 만들어진 그 《훈민정음》 해례본이오?"
"그래. 세종 대왕은 1443년 훈민정음을 창제하고, 백성들 앞에 반포하기 위해 3년 동안 공을 들여 집현전 학사들과 《훈민정음》 해례본을 만들었지. 《훈민정음》 해례본은 한글의 원리를 담은 세계 최고, 최초의 책이란다."
"우아, 정말요?"
멀찍이 서 있던 대한이가 최초라는 말에 책을 향해 다가오며 말했다.
"조선 시대에 가 봐서 잘 알겠지만, 훈민정음은 모두에게 환영받은 문자는 아니었어. 세종 대왕의 노력이 없었다면 오늘날까지 전해지지 않았을지도 모르지."
"전해지지 않다니요, 상상만으로도 끔찍해요. 저는 영어도 싫어하지만 한자도 아주 싫어한단 말이에요."

대한이가 진저리를 치며 말했다.

"허허, 대한이 너는 특히 세종 대왕님께 감사의 큰절이라도 올려야겠구나."

대한이를 보며 학예사 선생님이 웃으며 말했다.

"추진력 좋은 세종 대왕님은 《훈민정음》 해례본을 펴내고 뒤이어 훈민정음 보급을 맡아 할 언문청이라는 관청도 설치하지. 그뿐인 줄 아니? 훈민정음을 과거 시험에도 넣었단다."

"과거 시험에도요? 어떤 문제가 나올지 궁금한데요?"

누리가 말했다.

"그럼, 한번 가 보자꾸나."

"어우, 저는 시험이라면 다 싫은데."

대한이는 거부의 눈빛을 보냈다.

"외국어 싫어한다더니 시험도? 너보고 풀라고 안 할 테니 걱정 안 해도 된다."

그 말을 듣고 대한이가 안심하며 손을 잡았다.

"우아, 과거 보러 온 선비들이 많네요."

"어떤 문제가 나왔는지 슬쩍 가서 보렴."

학예사 선생님의 말에 나로가 고개를 빼서 문제를 보았다.

"에이."

나로는 실망스런 표정이었다.

"어떤 문젠데 그래?"

이번에는 누리가 고개를 뺐다.

"어머!"

누리가 놀라자 이번에는 고운이와 대한이도 고개를 빼고 시험 문제를 살폈다.

"선생님, 저도 과거 볼래요. 저 정도 수준이면 저도 볼 수 있을 것 같아요."

대한이가 자신감 넘치는 목소리로 말했다.

"1447년 과거 시험은 훈민정음이 처음으로 시험 과목이 되었기 때문

에 아주 쉽게 낸 거야. 세종 대왕은 이렇게 해서라도 사람들이 훈민정음을 배우기를 바랐지. 이 시험을 통과해야 본격적인 과거 시험을 치를 수 있는 거야."

"과거 시험장에 와 보니 훈민정음이 조선에 뿌리내리고 있는 것이 느껴져요."

"그러니? 세종 대왕의 노력은 이뿐만이 아니었단다. 한문으로 되어 있던 책을 훈민정음으로 바꾸는 일도 쉽지 않았지. 양반들을 위해서는 사서삼경 같은 유학 책을 훈민정음으로 바꾸고, 여전히 불교를 믿었던 백성들을 위해서는 불경을 훈민정음으로 바꿨어."

"정말 많은 노력을 기울이셨구나."

"그 결과 어떤 일이 있었는지 아니?"

학예사 선생님이 아이들의 손을 잡아끌었다. 벽 한쪽에 '하 정승아, 또 나랏일을 그르치지 마라.'라고 쓰여 있었다.

"어머, 이게 뭐예요?"

"누군가 하 정승을 경고하는 글 같은데요?"

벽에 쓰인 글을 보고 누리와 나로가 물었다.

"그래, 이것을 '한글 벽서 사건'이라고 하지. 누군가 훈민정음으로 자신의 생각을 주장한 거야."

"그럼, 세종 대왕님이 원하던 대로 백성들이 억울함을 표현하게 된 거 아닌가요?"

"어쩌면 흉을 보는 것일 수도 있고요."

대한이와 고운이가 주거니 받거니 말했다. 그러자 학예사 선생님이 고개를 끄덕였다.

"드디어 해내신 거네요."

"세종 대왕님도, 용기를 내서 정승에게 충고한 사람도 멋진데요."

아이들은 벽서 앞에서 박수를 치며 좋아했다.

"자, 너희가 박수 칠 일이 또 있단다. 이번에는 조금 멀리 가 보자."

"혹시, 외국이라도 가는 거예요?"

대한이가 기대에 찬 눈빛으로 말했다.

"멀리 간다는 건 시간을 두고 한 말이란다. 조선 시대에서 1900년대로 갈 거거든. 하긴 우리가 있던 곳은 2000년대였으니 먼 게 아니로구

나. 허허."

학예사 선생님이 다시 아이들과 한 번씩 눈을 맞추고 손을 꼭 잡았다. 아이들은 아주 먼 과거에서 조금 먼 과거로 가게 되었다.

"여기가 어디예요?"
"책이 정말 많아요."
옛날 책들이 가지런히 꽂힌 책장 앞에서 대한이와 누리가 말했다.
"여기는 '한남서림'이라는 곳이야."
"옛날 서점인가요?"
"그렇다고 할 수 있지. 이곳에 간송 전형필 선생님이 계시단다."
"전형필 선생님이라면 들어 본 적 있어요. 일제 강점기에 일본인들이 우리 문화재를 마구 약탈해 가려 하자 이를 막기 위해 우리 문화재를 찾아내고 모은 분이잖아요. 그래서 '문화재 지킴이'라 부르던데요."
나로의 말에 학예사 선생님은 나로를 기특히게 바라봤다.
"나로가 잘 알고 있구나. 전형필 선생은 우리 문화재를 지키기 위해 개인 박물관인 보화각을 세워 고려청자, 불상, 그림 등을 보존하고, 이곳 한남서림을 통해 옛날 책들을 사 모았지. 일제 마음대로 우리 문화재를 파괴하고 가져가게 두었다면 남아 있는 우리 문화재가 별로 없었을 거야. 정말 끔찍한 일이지."
그때 고운이가 학예사 선생님의 옷자락을 잡아끌었다.
"선생님, 근데 전형필 선생님에게 무슨 일이 있나 봐요?"

고운이의 말에 돌아보니 전형필이 어떤 사람과 심각한 표정으로 이야기를 하고 있었다.

"우리 조용히 두 사람의 이야기를 한번 들어 보자."

아이들과 학예사 선생님은 조용히 귀를 기울였다.

"선생께서 찾던 《훈민정음》을 찾았습니다."

"《훈민정음》을요? 어디 있습니까?"

"경북 안동 한 문중의 가보라고 합니다."

"그 귀한 것을……."

전형필은 감동에 말을 잇지 못했다.

"책의 주인은 천 원을 받기 원합니다."

"천 원이라니요, 말도 안 됩니다."

전형필은 고개를 저었다.

"책값이 너무 비싸지요?"

"《훈민정음》이 어떤 책입니까, 우리 민족에게 귀하고 귀한 책 아닙니까. 천 원에 살 수 없습니다. 제가 만 원에 그 책을 사겠습니다. 그리고 책을 소개해 주신 분께 사례로 천 원을 드리지요."

이야기를 듣고 있던 아이들은 표정이 제각각이었다. 누리와 나로는 《훈민정음》 해례본을 얻고자 하는 전형필의 노력에 놀라워했지만 대한이는 실망한 표정이었다.

"겨우 천 원, 만 원이 뭐예요. 새뱃돈 받으면 저도 사겠어요."

그러자 고운이가 대한이의 머리를 콕 쥐어박았다.

"아이고, 대한아. 시대가 다르잖아. 우리가 쓰는 천 원과 만 원이 아니라고."

"그런가?"

그제야 대한이는 자신이 착각했다는 걸 깨달았다.

"우리가 온 곳은 1940년대의 서울이야. 이때는 커다란 기와집 한 채 값이 천 원 정도였어. 그러니까 천 원, 만 원은 아주 큰돈이었지."

학예사 선생님의 설명을 들은 대한이는 입을 쩍 벌리며 놀랐다.

간송 전형필

"그럼, 저분은 책 한 권을 왜 만 원이나 주고 사려는 거예요?"

"그 정도로《훈민정음》의 가치를 높이 산 거야. 1940년대는 일제가 민족 말살 정책을 펴던 때야. 일제는 우리 민족의 문화를 모두 없애 버리는 데 혈안이 되어 있었지. 우리말과 글을 쓰는 것이 불가능했고, 한글을 연구하는 학자들을 잡아 가두는 시대였어. 그러니《훈민정음》을 지키는 일은 위험하고도, 중요한 일이었어. 전형필 선생님은 일제가 알기 전에 어떻게든《훈민정음》을 손에 넣어 보호하려 했던 거야."

"정말, 대단하시네요."

아이들은 독립운동가의 이야기를 듣는 것처럼 감동을 했다. 문화재를 지키고, 보호하는 것도 일제로부터 나라를 지키는 일이나 다를 바가 없었던 것이다.

"그런데 이게 다가 아니란다. 전형필 선생님은 6·25 전쟁이 나자 제일 먼저《훈민정음》을 챙기셨단다.《훈민정음》을 몸에 품고 피란을 떠난 거야. 잠을 잘 때는 머리에 베고 잘 정도로 한시도《훈민정음》을 몸에서 떼어 놓지 않았지."

"세종 대왕님이 보신다면 큰 상을 내리시겠어요."

"그래, 그러셨을 거야."

"1440년대에서 1940년대까지 약 500년의 시간을 두고 훈민정음을 지키려는 끈질긴 노력이 있었네요. 그런 조상들이 있었다는 것이 정말 감사해요."

누리와 고운이, 나로가 한마디씩 했다. 이때 대한이는 멀리 보이는 전형필을 향해서도 넙죽 절을 했다. 후대를 위해 노력해 준 조상에게 보내는 감사의 표시였다.

"우리 대한이가 대표로 큰절을 했구나. 하하."

학예사 선생님이 흐뭇하게 웃었다. 그렇게 아이들은 수백 년을 넘나드는 긴 여행을 마쳤다.

스마트폰을 대면
간송 전형필 선생님이 《훈민정음》을 지켜내고
세상에 공개하기까지의 영상을 볼 수 있어요.

2장

쉽게 익혀서 편히 쓰니

1. 한글로 배우니 쉽구나!

《소학언해》로 배우는 어린이 예절

학예사 선생님과 아이들은 다시 박물관 벽의 큰 설명 글 앞에 섰다. 거기에는 '쉽게 익혀 편히 쓰니'라고 쓰여 있었다.

"세종 대왕님이 바라던 대로 백성들이 훈민정음을 배우고 쓰기 시작했나 봐요."

벽에 쓰인 글을 읽은 나로가 말했다.

"맞아. 이제부터는 사람들이 한글을 어떻게 사용했는지 살펴볼 거야."

대한이가 앞장서서 유물들을 둘러보기 시작했다.

"《두시언해》,《중용언해》,《맹자언해》,《법화경언해》, 언해, 언해, 언해. '언해'로 끝나는 책이 많네요?"

"그래. 먼저 언해가 무엇인지부터 알아야겠구나.《훈민정음》해례본과《조선왕조실록》에서 훈민정음을 뭐라고 불렀는지 기억나니?"

학예사 선생님이 아이들에게 물었다. 아이들은 멀뚱거리며 대답을 못했다.

"이런! 조선 시대까지 다녀왔는데 그 말을 모르다니."

그때 고운이가 손을 번쩍 들었다.

"언문이오. 사람들이 훈민정음이란 말보다 언문이라 많이 했어요."

"맞다. 고운이가 잘 기억하고 있구나. 당시 사람들은 한자가 아닌 문자를 언문이라고 불렀지. 그래서 훈민정음도 언문이라 부르곤 했어."

학예사 선생님의 칭찬에 고운이는 기분이 좋았다. 칭찬을 받아서인지 고운이는 더 열심히 유물을 들여다보고, 설명도 집중해서 들었다.

"언해란 한문을 우리말로 번역하여 언문, 즉 한글로 풀어 쓴 것을 말한단다. 한문은 소리는 물론 말의 순서도 우리와 다르기 때문에 그 내용을 우리말로 번역하고, 번역한 우리말을 한글로 쓴 것이지."

"아, 훈민정음이 만들어지고 나서 한문 책을 훈민정음으로 번역한 거군요."

"그렇지. 방금 본 것들은 유교 서적과 불교 서적을 번역한 거야."

"《소학언해》? 그럼 이 책은 어떤 책이에요?"

주절주절 책 제목을 읽던 대한이가 물었다.

"마침 잘 말했다. 그렇지 않아도 《소학언해》를 설명하려던 참인데. 그 책은 조선 시대 아이들을 위한 책이란다. 왕세자부터 보통 아이들까지 이 책을 읽으며 예의범절을 배웠지."

"그럼, 조선 시대 교과서 같은 책이네요."

"하하, 그렇게 말하니 쉽구나. 《소학》은 송나라의 주희(주자)라는 사

람이 쓴 책으로 일상적인 예의범절, 어른을 섬기는 도리, 벗을 사귀는 도리 등 바른 몸가짐을 가르쳤으니 오늘날 도덕 교과서 같은 책이지. 《소학언해》는 《소학》을 한글로 번역한 거야."

"조선 시대에는 요즘보다 예절이 더 엄격했겠죠?"

고운이가 호기심을 보이며 물었다. 그러자 학예사 선생님이 고운이 가까이 가서 눈을 맞췄다. 그러자 순간 글을 읽는 조선 시대 아이의 모습이 보였다.

"고운아, 네가 대표로 《소학언해》를 살펴보겠니?"

고운이는 얼떨결에 고개를 끄덕였다. 그러자 학예사 선생님이 고운이의 손을 꼭 쥐었다. 한순간에 고운이가 사라졌다.

"어, 고운이가 없어졌다!"

아이들은 눈앞에서 일어난 일을 보고도 너무 순식간이라 무엇을 보았는지 알 수 없었다. 그래서 모두 놀란 토끼 눈이 되어 학예사 선생님만 바라보았다.

"모두 걱정 마. 고운이가 대표로 《소학언해》를 보러 간 것이니."

학예사 선생님이 웃으며 말했지만 아이들의 마음은 진정되지 않았다. 조금 전 자신들도 그렇게 조선 시대에 다녀왔지만 눈앞에서 친구가 사라지자 놀라고 당황스러웠다.

"안 되겠다. 고운이를 데려와야 너희가 안심을 하겠어."

학예사 선생님의 말이 떨어지기가 무섭게 고운이가 아이들의 눈앞에 다시 나타났다.

"아휴, 배워야 할 예절이 끝도 없네요."

박물관으로 돌아온 고운이는 호들갑스럽게 떠들기부터 했다.

"고운아, 뭘 보고 왔니?"

누리가 나서서 물었다.

"《소학언해》 읽는 조선 시대 아이들을 보고 왔어. 공자, 증자에게 가라사대 몸이며, 얼굴이며, 머리털이며 부모 받온 거시라."

고운이가 조선 시대 아이들처럼 읊었다. 그러자 누리가 참지 못하고 다시 물었다.

"그게 무슨 뜻인데?"

"공자가 증자에게 말씀하시기를 몸이며, 얼굴이며, 머리털이 부모에게 받은 것이라는 뜻이지. 그래서 함부로 해서는 안 된다는 거야. 그게 효도의 시작이라고 해. 그런데 이게 다가 아니야. 자식은 부모에게 한없이 공손해야 해.《소학언해》는 부모와 어른 앞에서 어떤 몸가짐을 하며, 어떤 표정을 해야 하는지까지 설명하고 있어."

"와, 효도의 처음과 끝을 다 담았네."

"맞아. 그게 아주 세세하게 설명되어 있더라. 나는 다 외우지도 못하겠고, 그렇게 행동하려면 정말 힘들겠다는 생각이 들었어. 배워야 할 예절이 얼마나 많은지……."

"하하, 그래도 고운이가 친구들에게 효도하는 중요한 방법 하나는 가르쳐 줬는걸."

"자신의 몸을 함부로 하지 않는다는 거요? 그게 왜 효도예요?"

대한이가 물었다.

"부모님은 늘 자식의 건강을 걱정하잖니. 그러니 부모님이 주신 몸을 온전히 한다는 것은 가장 중요한 효도라고 할 수 있지."

학예사 선생님의 말에 아이들은 모두 고개를 끄덕였다.

"고운이가 보고 온 것처럼 조선의 아이들은 한글로 번역된 글을 통해 한문 책을 편히 배울 수 있었지. 그런데 편히 배울 수 있는 것은 한문 책만이 아니었단다."

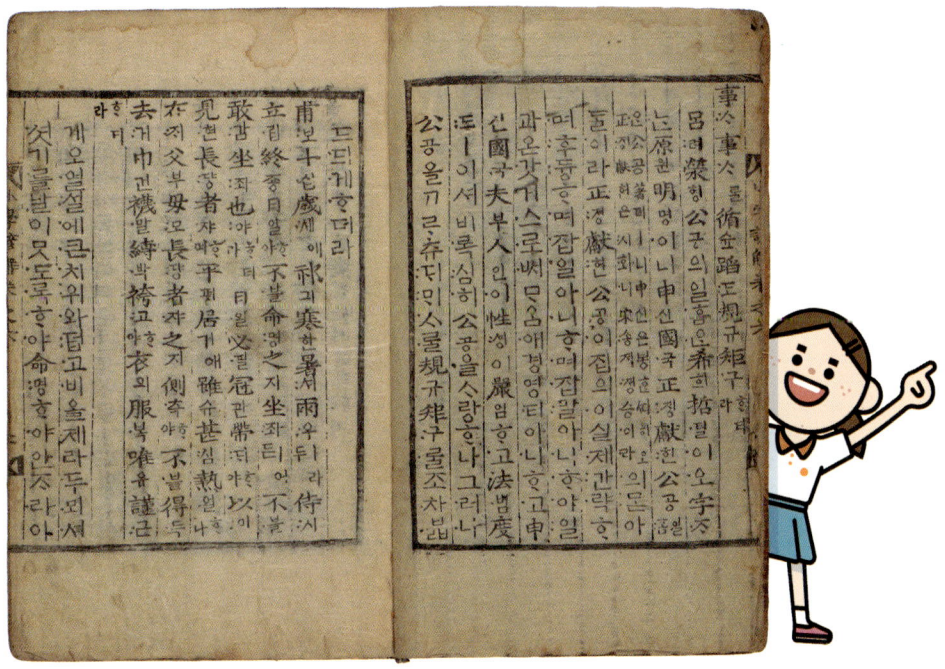

《소학언해》
《소학언해》는 송나라의 유자징이 주자의 가르침에 따라 펴낸 《소학》을 번역한 책입니다. 중종 때 처음 《번역소학》이 출간되었고, 이를 선조 때 고쳐서 펴낸 것입니다. 《소학언해》는 영조 때 다시 한번 출간되었습니다.

101

외국어도 한글로 쉽게

학예사 선생님은 분홍색, 초록색으로 된 예쁜 책 앞으로 아이들을 데리고 갔다.

"이건 《천자문》이네요. 저도 조금 알아요."

누리가 소리 내서 책을 읽기 시작했다.

"하늘 천, 따 지, 검을 현, 누를 황."

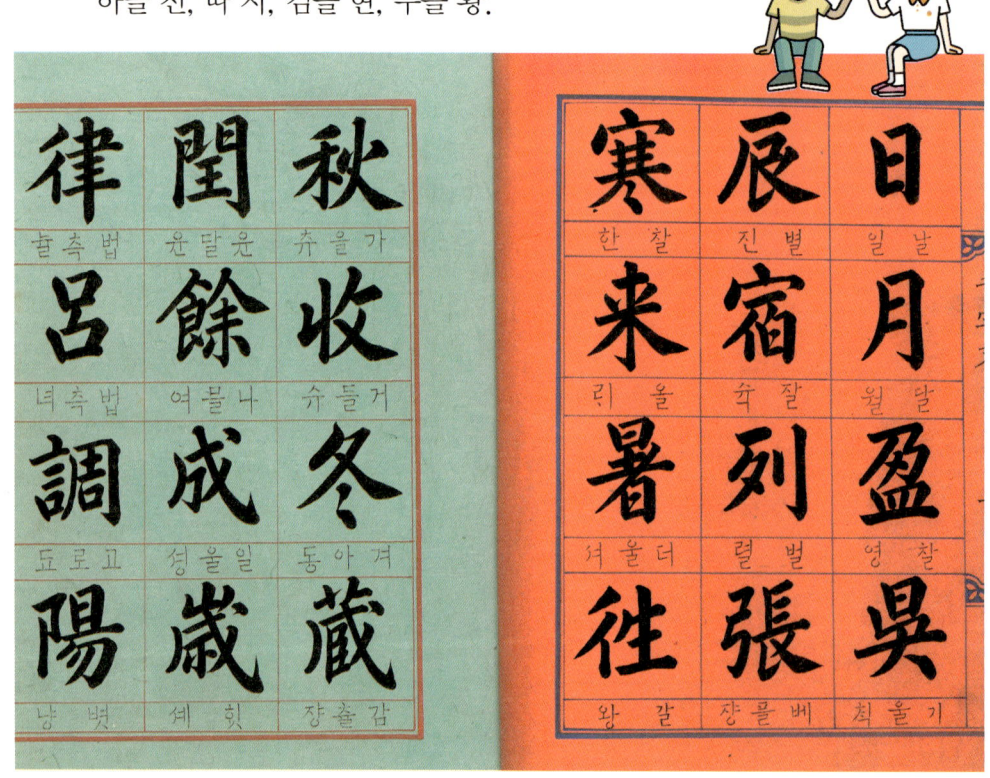

《천자문》
중국 양나라의 주흥사가 지은 《천자문》에 한글로 뜻과 음을 단 한자 교재입니다.
한자 1000자를 4자씩 의미가 이어지게 배열했습니다.

"그런데 이 책은 유난히 예쁘네요?"

고운이가 책의 빛깔이 고운 이유를 물었다.

"이것은 아마도 왕실에서 쓰인 것이 아닐까 싶다."

"아, 그렇구나. 그런데 이렇게 보니 오늘날의 한자 책과 별로 다르지 않아요."

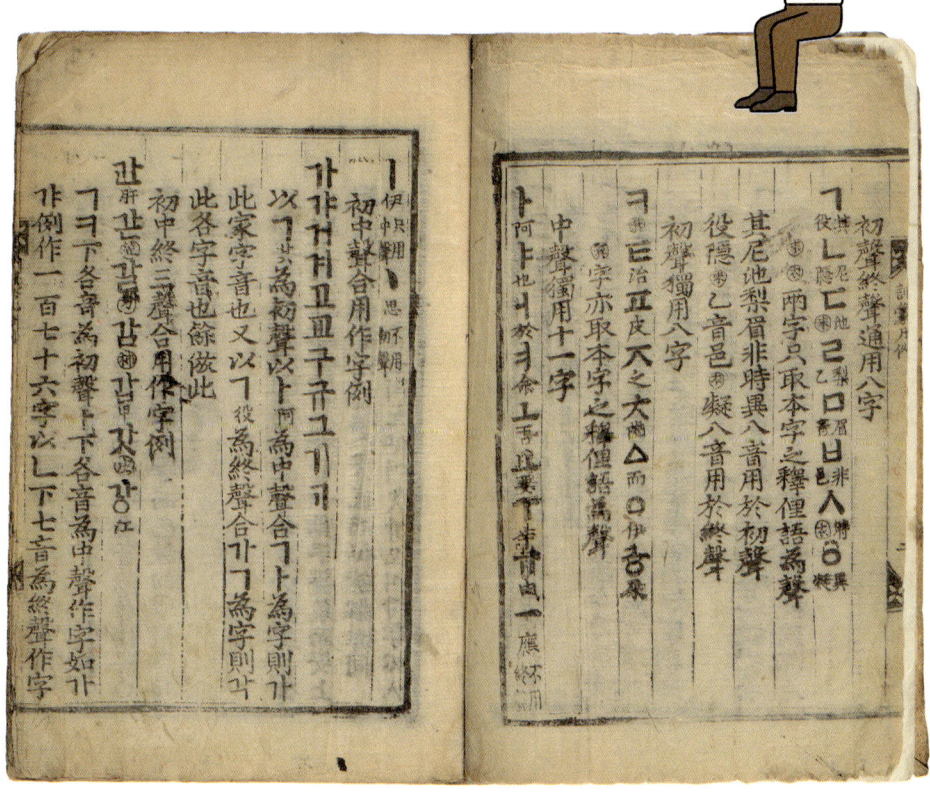

《훈몽자회》
1527년 조선 중종 때 최세진이 지은 한자 학습서입니다.
3360자의 한자를 33항목으로 나누어 한글로 음과 뜻을 달았습니다.

103

"그렇지? 그런데 오늘날의 책과 비슷한 책이 또 있단다."

학예사 선생님은 옆에 있는《훈몽자회》란 책을 가리켰다. 아이들은 학예사 선생님의 손을 따라 그 책을 봤다.

"책에 ㄱ, ㄴ, ㄷ, ㄹ이 있네요?"

"그래, 방금 누리가 읽은 것처럼 한글 자음 아래 쓰인 한자도 '기역', '니은'이라 쓰여 있는 거란다. 오른쪽 한자는 초성의 발음을, 왼쪽의 한자는 종성의 발음을 나타낸 거지."

"옆에는 '가갸거겨고교구규그기'가 있어요."

대한이가 놀라운 발견을 한 듯 소리쳤다.

"책 오른쪽에서는 자음을, 왼쪽에서는 모음을 설명하고 있지."

"선생님, 이 책이 뭔데 이런 것이 쓰여 있지요?"

나로가 진지하게 물었다.

"나로야, 네가 조선 시대로 가서 한번 확인해 보겠니?"

학예사 선생님의 물음에 나로는 잠시 망설이다가 이내 고개를 끄덕였다. 학예사 선생님은 나로의 손을 꼭 잡아 주었다.

"으, 이곳이 조선이군. 혼자 오니 긴장되는걸."

조선 시대로 온 나로는 어느새 조선의 아이 모습을 하고 있었다. 나로는 낯선 제 모습을 보다 용기를 내서 주변을 둘러보기 시작했다. 큰 나무 아래로 아이들이 모여 놀고 있는 모습이 보였다. 나로는 또래 아이들이 있는 곳으로 갔다. 아이들은 돌을 세워 놓고 멀리서 던져 맞히기도 하고, 돌멩이 하나로 땅바닥에 그림을 그리기도 하였다. 나로는 다시 용기를 내서 아이들 사이로 끼어들었다.

"애들아, 뭐 하니?"

"넌 누구니? 윗마을에서 놀러 왔니?"

"으, 응. 같이 놀자."

"그래."

아이들은 나로도 놀이에 끼워 주었다. 나로는 아이들과 흙장난을 하며 놀았다. 놀이도 재미있었고, 부드러운 흙이 손가락 사이로 빠져나가는 것이 간지러운 듯 기분이 좋았다.

"재미있는데. 돌아가면 친구들과 이렇게 놀아 봐야지. 게임기보다 더 재미있어."

나로가 혼자 중얼대고 있을 때 한 선비가 그 옆을 지나며 물었다.

"애들아, 서당 공부를 마쳤다고 이리 놀고만 있어서야 되겠느냐?"

선비의 말에 놀던 아이들은 쭈뼛거렸다. 예나 지금이나 어른의 잔소리는 아이들을 불편하게 했다. 그러다 한 아이가 입을 뗐다.

"공부를 하고 싶을 때도 있는데 서당에서 돌아오면 글을 어찌 읽어야 할지 모르겠어요."

"맞아요. 그래서 하늘 천, 따 지, 가마솥에 누룽지, 박박 긁어서, 이렇게 외우다 혼만 났다니까요."

아이들의 하소연에 선비는 고개를 끄덕였다.

"한자를 읽는 방법이 또 한자로 쓰여 있어서 읽기가 힘들었구나."

선비는 그 말을 남기고 가던 길을 갔다.
"저분은 누구시니?"
나로가 함께 놀던 아이들에게 물었다.
"조선 최고의 역관 최세진 어르신이지."
"역관? 그게 뭐야?"
"하하, 너 생긴 건 똑똑해 보이는데 은근히 무식하다."
한 아이가 별걸 다 모른다는 듯 웃으며 말했다. 학교에선 꽤 똑똑한 대접을 받던 나로는 조선 시대에 와서 무식하다는 말을 들으니 기분이 언짢았다. 하지만 모르는 것은 사실이라서 별다른 대꾸를 못 했다.

"역관은 다른 나라 말을 잘하는 사람이야. 그래서 다른 나라 말과 우리말을 통하게 돕지."

"아, 통역을 하는 거구나."

나로는 선비를 만나 보고 싶은 마음이 들었다. 그래서 아이들에게 선비의 집을 물어보았다. 아이들은 나로에게 친절하게 집을 알려 주었다. 덕분에 나로는 낯선 조선 마을에서 쉽게 역관 최세진의 집을 찾아갈 수 있었다.

"천자문은 개념 위주의 한자를 담고 있어. 좀 더 구체적인 한자를 가르치는 것이 중요해."

최세진의 집에 숨어들은 나로는 최세진이 아이들 한자 교육에 쓰일 책을 만들려 한다는 걸 알게 되었다.
　"한자를 쉽게 읽고 익힐 수 있게 언문을 달아 주는 것이 좋겠어. 그럼 먼저 언문 읽는 법부터 설명해야겠지."
　최세진은 책의 첫 부분에 〈ㄱ〉을 썼다. 나로는 박물관에서 보았던 책이 떠올라 신기했다.
　"아, 내가 그 책이 쓰인 순간을 보는 건가?"
　나로는 한참 동안 숨어서 최세진이 책 쓰는 것을 보았다. 그리고 한순간 어서 돌아가서 친구들에게 이 이야기를 해 주고 싶다는 생각을 했다. 그러자 순간 나로의 몸이 휘청거렸다. 나로의 마음을 읽은 학예사 선생님이 나로를 박물관으로 데리고 온 것이다.

　"나로야, 어땠어?"
　나로는 자신이 본 것을 하나도 빼먹지 않고 설명했다.
　"와, 나도 흙 놀이 하고 싶다."
　"아이고, 대한아. 지금 중요한 건 이 책을 역관 최세진 어르신이 썼다는 거잖아."
　누리가 답답하다는 듯 말했다.
　"나한테는 나로가 조선 아이들과 놀고 온 게 더 중요하다고."
　"하하, 다음에 기회가 있겠지. 너무 서운해 말거라."
　학예사 선생님은 대한이를 다독이고 다시 책 설명을 이어 갔다.

"나로가 보고 온 책이 바로 여기 있는《훈몽자회》란다. 조선 시대 한자 교육용 책으로《천자문》보다 훨씬 많은 3360자의 한자를 담았지. 그런데 이 책이 중요한 것은 책의 첫머리에 한글 자모에 대한 설명이 있다는 거야."

"우리가 읽는 방법과 똑같아서 놀랐어요."

나로가 말했다.

"그래.《훈몽자회》에는 한글 자음과 모음을 읽는 방법이 적혀 있는데, 마치 이름을 붙인 것처럼 되어 오늘날까지 전해지고 있지."

"아, 그렇구나."

"역관 최세진은 자음과 모음의 구성과 쓰임을 차례대로 설명했는데 이것은 아마 한글을 배우는 순서였을 거야. 먼저 자음과 모음을 배우고, 자음과 모음이 모여 가, 갸, 거, 겨 같은 받침 없는 글자를 만들고, 다음으로 자음과 모음, 자음이 만나 받침 있는 글자인 각, 간, 갇, 갈 같은 글자를 만드는 거지."

"《훈몽자회》의 첫머리가 마치 훈민정음의 요약본 같네요."

누리가 전시된《훈몽자회》를 두 손으로 가리키며 말했다.

"두 손으로 가리킬 만큼 귀하게 보이니?《훈몽자회》가 1527년에 만들어졌으니, 훈민정음이 창제되고 80여 년 후의 한글 모습을 볼 수 있어 우리에게 고맙고 귀한 책인 것은 분명하지."

이때 대한이가 손을 번쩍 들었다.

"근데요, 왜 다른 글자들은 니은, 디귿, 리을이라고 하는데, 〈ㄱ〉은 기윽이 아니고 기역이지요?"

"맞아요, 시옷도 시읏이라 하는 게 맞지 않나요?"

고운이도 물었다. 오랜만에 대한이와 고운이가 뜻이 맞았다.

"최세진은 조선 최고의 역관으로 꼽혔지만 기윽의 '윽'을 나타낼 한자를 찾을 수 없었던 것 같구나. 그래서 다른 한자를 찾다가 '역'을 쓴 거지. 또 시읏을 나타낼 때도 읏 소리의 한자를 찾지 못해서 '옷 의(衣)' 자를 쓰고 이때는 소리가 아니라 뜻으로 읽는다는 표시로 동그라미를 해 놓았던 거야."

"아, 그래서 〈ㅅ〉은 시옷으로 읽는구나."

대한이와 고운이가 동시에 고개를 끄덕였다.

"이렇게 한글을 익히고 나면 한자를 배우기가 훨씬 쉬웠어. 한글로 한자의 뜻과 소리가 달려 있으니 훈장님이 없어도 혼자서 한자 공부를 할 수 있었지. 그리고 이렇게 공부하여 한자에 익숙해지면 언해된 책이 아니라 한문 책을 읽으며 공부를 했지. 요즘에는 다들 영어 공부를 열심히 하지만 당시에는 중국어와 몽골 어, 만주어 등이 중요한 외국어였단다. 그래서 외국어를 배우기 위한 언해 책이 많이 있었지."

학예사 선생님이 《노걸대언해》, 《몽어유해》 등의 책을 가리켰다. 모두 외국어를 공부할 수 있는 언해 책들이었다.

"한글로 발음을 달아 주면 한결 배우기 쉽겠어요. 사실 저도 영어 읽을 때 한글로 발음을 적어 둔 적이 있거든요."

"그래? 대한이가 공부는 질색이라더니 나름 열심히 하고 있구나."

"그 정도는 아닌데."

학예사 선생님의 칭찬에 대한이가 쑥스러워했다.

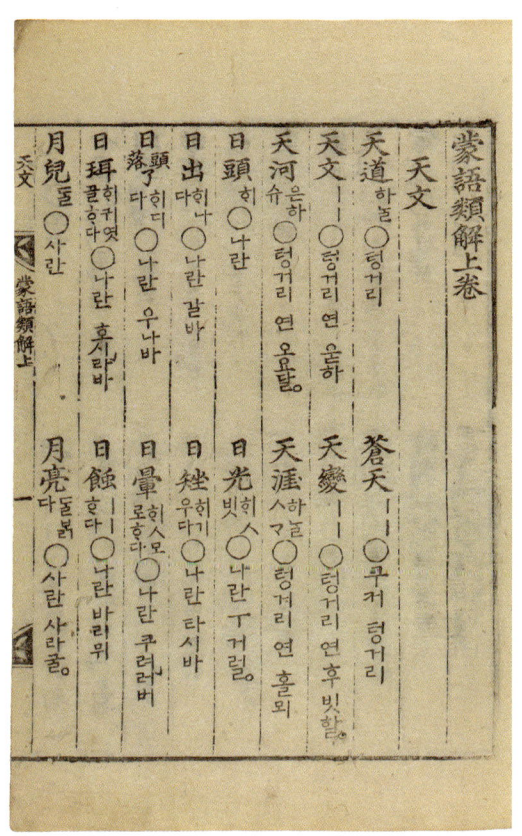
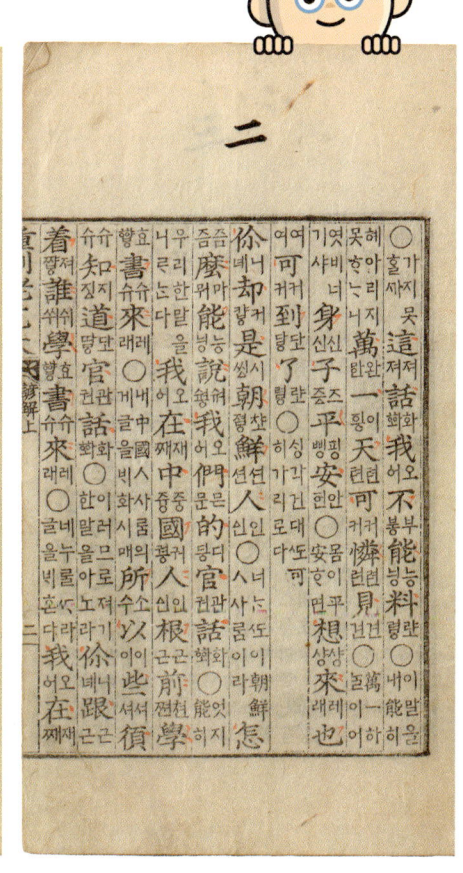

《몽어유해》 왼쪽
조선 영조 때 이억성이 펴낸 몽골 어 학습서로 한자로 낱말을 쓰고 그 밑에 한글로 풀이한 다음 다시 한글로 몽골 음을 표기하였습니다.

《노걸대언해》 오른쪽
중국어 학습서인 《노걸대》를 한글로 풀이한 책입니다.

실용 지식과 종교 생활까지 한글로

학예사 선생님과 아이들은 천천히 걸어서 다음 전시물 앞에 섰다.

"《음식방문》?"

"음식 배달하는 법을 쓴 책인가?"

"하하, 이 책은 음식을 만드는 법을 쓴 책이야."

몇백 년 전 책이다 보니 제목이 한글로 쓰여 있더라도 아이들은 그 뜻을 이해하기가 힘들었다. 그래서 엉뚱하게 해석하는 일이 자주 있었다. 그때마다 학예사 선생님은 하나하나 설명을 해 주었다.

"옛날 사람들도 요리법을 이렇게 써 놓았구나. 한글을 사용하면서 이렇게 기록하는 일이 훨씬 쉬워졌겠어요. 우리 엄마도 음식 만드는 법을 써 놓은 공책이 있는데, 그 공책 앞에다 '음식방문'이라고 쓰라고 말씀드려야겠어요."

누리가 《음식방문》 책을 보며 말했다.

"좋은 아이디어인데. 누리 시집갈 때 그 공책을 물려받는다면 요리하는 데 큰 도움이 될 거야."

학예사 선생님의 말에 대한이는 기분 좋은 상상을 하는 듯 눈을 감고 입맛을 다셨다.

"그럼, 나는 그 요리를 맛보고."

"얘가 뭐라는 거야. 누가 너한테 시집간대?"

누리가 버럭 화를 냈다.

"우리 할머니가 사람 일은 모르는 거라고 하셨어. 나랑 결혼할 수도 있지 뭐. 히히."

대한이 때문에 누리의 눈은 가자미눈이 되어 버렸다. 그때 고운이가 누리를 톡톡 치며 말했다.

"누리야, 여기 싸움 가르쳐 주는 그림 있다. 이거 보고 대한이 혼내 주면 되겠다."

"이 그림은《무예제보》에 있는 그림이란다."

"《무예제보》요?"

무술 관련 책에 누리와 고운이가 먼저 관심을 보였다.

"그래,《무예제보》는 임진왜란이 끝난 뒤 만들어진 병법서야. 임진왜란을 겪으면서 왜군과 전투할 때 어려웠던 점을 따져 보니 활을 쏘는 우리 군이 조총을 쏘는 왜군을 당할 수 없었다는 걸 알 수 있었어. 또 가까운 거리에 있는 적을 공격하는 기술이 부족했던 것도 큰 문제였다는 걸 알았지. 그래서 병법과 무예의 중요성을 깨닫고 중국의 병법서를 한글로 번역하여《무예제보》를 만든 거야.《무예제보》에는 가까운 거리의 적을 공격하는 방법이 그림과 함께 실려 있지."

"그림이 있어서 훈련하는 데 더 도움이 되었겠어요."

"그렇지, 한글 설명과 함께 그림이 있어서 무예를 배우기 훨씬 쉬웠을 거야."

《무예제보》에 이어 다음 전시물 옆에도 그림이 그려져 있었다.

"훈민정음 창제 후 유교, 불교뿐 아니라 천주교, 동학, 도교에 이르기까지 많은 종교 서적이 우리말로 번역되어 한글로 쓰였단다. 이 책은 영국의 작가 존 버니언이 쓴 종교 소설을 번역한 책이야."
 "《천로역정》? 제목이 특이하네요."
 나로가 물었다.
 "한 순례자가 멸망의 도시를 떠나 천국인 하늘 도시에 이르는 여정을 담았지. 너희가 보고 있는 그림이 《천로역정》에 담긴 천국의 모습이야."
 "외국 작가가 쓴 글인데 그림은 참 친근해요. 산신령님처럼 보이고, 선녀처럼 보이는 것이."
 대한이가 말했다.

"천사들이 선녀처럼 보이니? 우리나라 풍속화가가 그림을 그려서 당시 조선의 삶과 사상이 그림에 담겨 있기 때문일 거야. 이런 그림 덕분에 사람들은 낯선 종교에 대한 거부감을 줄일 수 있었지."

"이렇게 한글 번역 책을 보니까 한글 창제가 새로운 지식을 배우고 익히는 데 얼마나 도움이 되었는지 알겠어요."

"맞아요. 문자가 있는 민족은 문화가 발달한다고 했는데 유물을 통해 그 말의 뜻을 깨달았어요."

누리와 나로가 유물 앞에서 지금까지 본 소감을 말했다. 학예사 선생님은 아이들을 기특하다는 듯 바라봤다.

"내가 해 주고 싶은 말을 유물을 통해 깨달았구나. 그런데 이게 다가 아니란다. 한글은 더 많은 일을 해냈지."

학예사 선생님은 다시 앞장을 섰다.

# 2. 삶 속에 자리 잡은 한글

김씨 부인의 절절한 사연

학예사 선생님이 멈춰 선 곳은 정성 들여 한 자 한 자 글씨를 쓴 듯한 한글 문서 앞이었다.

"와, 글씨체가 참 예쁘네요."

한글 글씨체에 관심이 많은 고운이가 문서에 바짝 다가가며 말했다.

"이것은 김씨 부인이 영조 임금에게 올린 문서란다. 이렇게 백성이 임금에게 올리는 문서를 상언이라고 하지."

"아, 그래서 '김씨 부인 한글 상언'이라 쓰여 있구나."

학예사 선생님은 고개를 끄덕였다.

"세종 대왕께서 백성이 억울한 일이 있어도 고하지 못한다 했는데 한글이 창제된 이후엔 이렇게 한글로 고할 수 있었네요."

"맞아. 그런데 이게 쉽게 된 것은 아니었어. 중종 때만 해도 한글로 상언을 써서 올리면 무례하다고 했지. 임금에게 올리는 글을 한문이 아닌 언문으로 쓰면 안 된다고 말이야."

"이상해요. 한글은 세종 대왕이 쓰라고 만드신 건데."

"당시 여성과 일반 백성들은 한글을 많이 사용했지만 사대부 남자들은 여전히 한문을 사용했어. 다만 여성이 한글로 쓴 상언은 광해군 때에 와서는 너그럽게 받아 주었지."

"어떻게요?"

"한 여인이 한글 상언을 올린 것을 두고 사간원에서 법도에 어긋난다며 상언을 받아 준 의금부에 벌을 내려야 한다고 주장했지. 하지만 광해군이 여인이 한글을 사용하여 상언을 올리는 것은 잘못이 아니라고 한 거야."

"한문을 주로 사대부 남자들이 쓰고 있던 상황이니 여성이 한글로 상언을 올리는 게 당연하다고 여긴 거겠네요."

누리가 야무지게 말하자 학예사 선생님이 고개를 끄덕였다.

"이제는 내가 일일이 설명하지 않아도 잘 이해하는구나."

"그런데 선생님, 저는 이 글의 사연이 너무 궁금해요. 이렇게 긴 글을 쓴 걸 보면 복잡한 사연이 있을 거 같아요."

누리가 궁금함을 참지 못했다.

"그럼 이번에는 누리가 이 사연의 주인공을 찾아가 보겠니?"

"예, 그럴게요."

누리가 바로 대답을 했다. 학예사 선생님이 누리의 손을 꼭 잡자 누리가 한순간 사라졌다. 다시 보고도 믿기 힘든 일이 일어난 거다.

"계세요?"

한옥 대문을 들어서며 누리가 조심스레 물었다. 하지만 아무 기척도 들리지 않았다. 누리는 천천히 집 안으로 들어가 보았다.

"누가 찾아온 것이냐?"

나이 지긋한 할머니 한 분이 누리 앞에 나타났다. 누리는 고개를 깊이 숙여 인사부터 했다.

"우리 집 손님은 아닌 거 같고, 지나는 길이면 잠시 쉬었다 가거라."

할머니는 누리를 처음 보면서도 거리낌 없이 마루로 안내를 했다. 누리는 조선 시대 인심이 좋다고 생각했다. 할머니는 누리에게 시원한 냉수 한 대접을 내주더니 방에 앉았다. 여름이라 방마다 문이 훤히 열려 있어서 마루에서도 할머니의 방은 잘 들여다보였다. 할머니는 커다란 종이를 펼쳐 놓고 글을 쓰고 있었다.

"할머니, 혼자 계시나 봐요?"

"모두 논밭으로 일을 하러 가서 그렇단다."

할머니는 누리의 물음에 인자한 얼굴로 답해 주었다. 그래서 누리는 용기를 내서 다시 물었다.

"그런데 할머니, 뭘 쓰고 계신 거예요?"

할머니는 마침 말동무가 필요했는지 누리에게 이야기를 털어놓기 시작했다. 어린 여자아이라 특별히 꺼릴 것이 없다고 생각한 듯했다.

"나는 지금 임금님께 올릴 상언을 쓴단다. 이번에 쓰는 것이 벌써 두 번째지."

"어떻게 두 번째 상언을 올리게 되신 건가요?"

누리의 질문에 할머니는 긴 한숨부터 내쉬었다. 그리고 천천히 이야기를 이었다.

"오래전 우리 가문이 죄인으로 몰린 적이 있단다. 손자까지 죄인으로 잡혀가면 우리 가문은 대가 끊길 위기였지. 그때 우리 손자와 몸집이 비슷한 하인에게 손자 대신 죽어 달라 부탁을 했지."

"에구머니."

누리는 절로 안타까운 탄성이 났다. 할머니의 깊은 한숨도 이런 이유로 나왔던 것이었다.

"그래, 나도 손자 대신 죽은 하인을 생각하면 가슴이 미어지지. 그 고마움과 미안함은 죽어서도 잊지 못할 거야. 그렇게 대신 죽은 하인의 시체로 장사를 지내고, 나라에서도 우리 손자가 죽은 줄 알고 더 이상 죄를 묻지 않았디. 그런데 얼마 전 우리 손자의 죄가 면해졌지 뭐냐."

"죄인이었다가 죄인이 아니라는 거예요?"

"그래. 너는 어려서 이해하기 힘들겠지만 시간이 지나서 죄의 누명을 벗기도 하고, 죄였던 것이 죄가 아닌 것이 되기도 한단다. 우리 손자는 죄를 벗으면서 참봉에 임명되었지."

"나라에서 벼슬을 내린 건가요?"

궁금증 대장 누리는 궁금한 것이 계속 생겼다.

"그래, 참봉이란 벼슬을 받았지. 이미 죽었지만 죄인이 아니라는 것을 알리고, 나라에서 벼슬을 내려 명예를 되돌려 주는 거지."

"할머니, 기쁘셨겠어요."

"기뻤지. 그런데 사실 우리 손자는 죽은 것이 아니잖니. 그때는 위험을 피하려 그리한 것이니 바로잡아야 하지 않겠니? 그래서 긴 글을 써서 임금님께 올렸단다."

"그래서 어떻게 되었어요?"

"임금님께서는 자초지종을 적은 내 상언을 보시고, 대를 이으려는 우리 가문의 노력을 이해해 주셨단다. 그리고 대신 죽은 하인을 우리처럼 안타까워하셨지."

"그럼 다 잘된 거 아닌가요? 그런데 왜 또 상언을 쓰시는 거예요?"

할머니는 앞에 놓인 커다란 종이와 붓, 벼루를 바라보더니 다시 긴 한숨을 쉬었다.

"일부 관리들이 우리 손자가 나라에서 내리는 벌을 피해 도망간 것이 잘못이라며 처벌하라고 주장한다는구나. 그런데 그것은 우리 손자의 잘못이 아니란다. 이 모든 일은 집안의 대를 잇기 위해 내가 시킨 일이지. 그러니 그 벌은 내가 받아야 마땅하지 않겠니."

"할머니……."

누리는 안타까움에 더는 말을 잇지 못했다.

"남자만 나라를 지키고, 집안을 지키는 것이 아니란다. 예로부터 많은 여자들이 나라와 가정을 지키기 위해 애써 왔지. 나도 마찬가지란다. 나 하나만 편하려 한다면 어찌 내가 이 집안의 어른이라 하겠느냐."

할머니는 다시 손에 붓을 쥐었다.

"누리야, 어땠어?"

누리가 박물관으로 돌아오자 아이들이 누리를 에워쌌다.

"저 글을 쓰신 할머니를 만나고 왔어."

"무슨 사연이래?"

누리는 자신이 본 것을 자세히 설명했다.

"한 집안의 운명이 참 안타까워. 그 집의 하인도 불쌍하고."

상언 한 장을 통해 아이들은 한 집안의 안타까운 사연과 마주할 수 있었다. 그런데 상언에 담긴 이야기는 그뿐이 아니었다.

"네가 만난 할머니는 《구운몽》이란 소설을 쓴 김만중의 딸이란다."

"《구운몽》이오? 꽤 유명한 고전 소설이던데."

똘똘이 나로가 아는 체를 했다.

"맞아. 김만중의 《구운몽》은 조선 말기까지 많은 사람들이 즐겨 읽은 유명한 소설이지. 아마 그래서 김씨 할머니의 글재주도 뛰어나지 않았을까 싶구나."

"아, 그랬군요. 이야기도 차근차근 참 잘하셨어요."

누리는 할머니를 떠올리며 빼곡히 쓰인 상언을 바라봤다. 대한이와 나로, 고운이는 다른 유물을 보러 떠났지만 누리는 한참 동안 남아서 상언을 보았다.

정조가 보내 온 편지

"에이, 이건 한글이 아니라 한문이네요."

정조의 편지 전시물 앞에서 대한이가 말했다.

"조금 전 한글 상언을 왕에게 올리는 것도 무례하게 여겼다고 하니 정조 임금님은 당연히 한자로 편지를 썼겠어요."

나로가 대한이의 말을 받아 말했다. 그러자 학예사 선생님이 아이들에게 문제를 하나 냈다.

"이 편지에는 숨은 그림 같은 것이 하나 있어. 한번 찾아보렴."

"숨은 그림요?"

아이들은 전시물 앞에 바짝 다가가 편지를 살폈다. 그때였다.

"찾았어요, 찾았어."

고운이가 손을 번쩍 들며 소리쳤다. 그리고 손가락으로 가리키며 읽기 시작했다.

"뒤죽박죽."

"어디, 어디?"

아이들은 한자만 가득했던 편지 속에 한글이 있는 것이 신기했다.

"정조 임금은 아주 어릴 적에는 한글로 편지를 썼지만 자라서는 한자로 편지를 주고받았지. 그런데 이 편지에는 이렇게 한글이 섞여 있단다. 아마도 뒤죽박죽을 설명할 한자가 마땅치 않았던 것 같구나."

"임금님도 뒤죽박죽인 것은 어쩔 수가 없었나 봐요. 하하."

임금님의 편지에서 한글을 찾은 아이들은 한글 편지에 더욱 흥미를 보였다. 그러자 학예사 선생님은 정조 임금의 다른 편지도 안내해 주었다.

"이것은 정조 임금이 4살에서 8살 사이에 쓴 편지란다."

"임금님이 글씨를 못 쓰셨네요."

"무슨 말이야. 그 나이면 요즘 같으면 유치원생인데 이 정도면 잘 쓴 거지."

"아, 그렇구나."

대한이와 고운이가 정조 임금의 어릴 적 편지 앞에서 늘 그렇듯 툭탁거렸다.

"편지를 보니 고사리 손으로 붓을 잡고 애쓴 것이 느껴지지? 그리고 옆에 있는 이것은 정조 임금이 9살에 쓴 편지란다."

학예사 선생님이 줄 맞춰 가지런히 쓰인 편지를 가리키며 말했다.

"우아, 이건 정말 잘 썼는데요! 9살에 이렇게 붓글씨를 쓰다니! 역시 정조 임금님은 글씨를 잘 쓰셨네요."

"그런데 이 편지는 누구에게 보낸 거예요?"

편지를 살피던 누리의 질문에 학예사 선생님이 설명을 이었다.

"이 편지들은 모두 외숙모에게 보낸 것이란다."

"정조 임금님은 외숙모랑 친했나 봐요?"

"그런 거 같지? 편지 내용을 보면 몸이 아픈 외숙모를 걱정하고, 자신의 생일 음식을 보내니 잘 잡수시라고 하고 있어."

"와, 이런 편지 받으면 정말 기분 좋을 거 같아요."

"정조 임금을 본받아 너희도 가끔 부모님과 친척 어르신께 편지를 써 보면 어떻겠니?"

"그건 좀."

학예사 선생님의 말에 대한이가 곤란하다는 표정을 지었다.

"왜 안 될까?"

"저는 학교 다녀와서 학원도 가야 하고, 놀 시간이 늘 부족해서 그것까지는 힘들겠는데요."

"어른께 안부 편지 쓰는데 놀 시간도 부족하여 못 하겠다니. 아무래도 너는 다음 유물을 잘 보아야겠구나."

학예사 선생님은 대한이의 손을 꼬옥 잡았다.

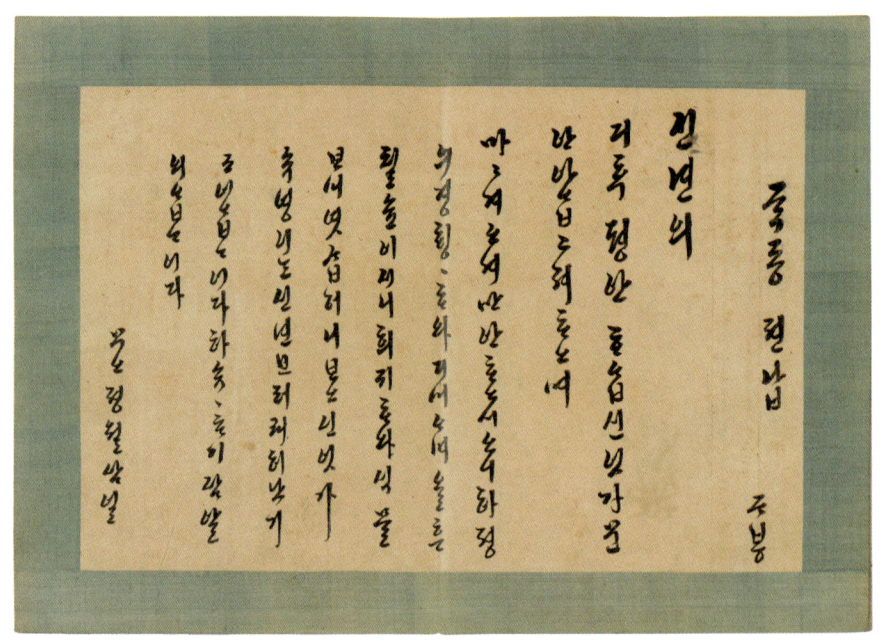

정조의 한글 편지
정조가 외숙모(여흥 민씨)에게 보낸 편지로, 오른쪽 위의 것은 원손 때인 4~8살 사이에 쓴 것이고, 오른쪽 아래 것은 세손 때인 9살 때 쓴 것입니다. 왼쪽 것은 왕위에 오른 후에 쓴 것입니다.

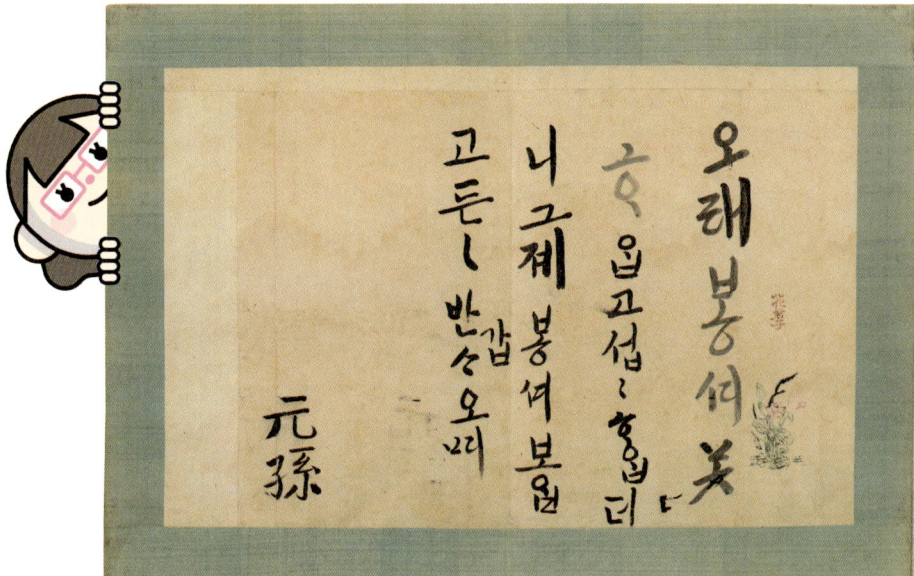

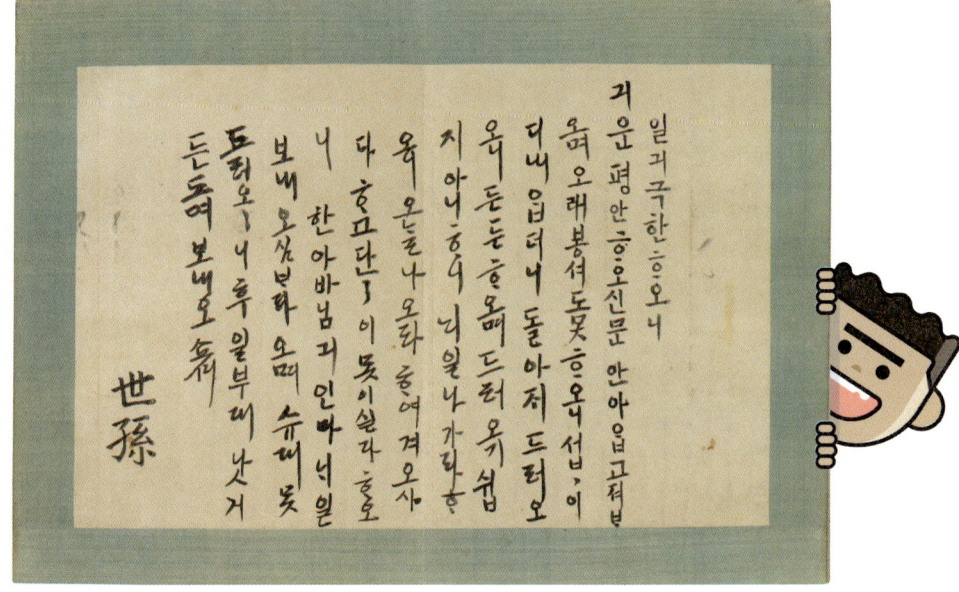

한글이 천한 글자였다고?

　　조선 시대에는 한글을 천한 글자로 여겨 신분이 낮은 사람들과 여성들이 사용했을 거라 생각하곤 합니다. 그런데 사실은 그렇지 않습니다. 전해 오는 한글 고문서를 보면 그 사실을 알 수 있습니다. 정조 임금이 외숙모에게 보낸 편지와 왕비가 친정 식구들과 주고받은 편지, 또 추사 김정희를 비롯한 사대부 남성들이 남긴 편지를 보면 한글은 임금에서부터 백성들까지 널리 사용했다는 것을 알 수 있지요.

　　한글은 매우 다양하게 쓰였습니다. 간단한 안부를 묻는 편지에서부터 왕실의 밀서를 쓸 때도 쓰였으니까요. 최근 발견된 원이 엄마의 편지는 죽은 남편을 그리워하는 마음을 구구절절 한글로 써 내려가고 있습니다. 한글은 천하게 쓰인 글자가 아니라 우리 민족의 마음을 표현하는 가장 훌륭한 문자였던 것입니다.

　　당신 언제나 나에게 둘이 머리 희도록 같이 살자 하셨지요.
　　그런데 어찌 나를 두고 당신 먼저 가십니까.
　　당신 나에게 마음을 어떻게 가져왔고,
　　또 나는 당신에게 어떻게 마음을 가져왔었나요.
　　함께 누우면 언제나 나는 당신에게 말하곤 했지요.
　　"여보, 다른 사람들도 우리처럼 서로 어여삐 여기고 사랑할까요?
　　남들도 정말 우리 같을까요?"
　　어찌 그런 일을 생각하지 않고 나를 버리고 먼저 가시나요.
　　당신을 보내고는 나는 아무래도 살 수 없어요.

　　　　　　　　　　　　　　　　　　　　－〈원이 엄마 편지〉 중에서

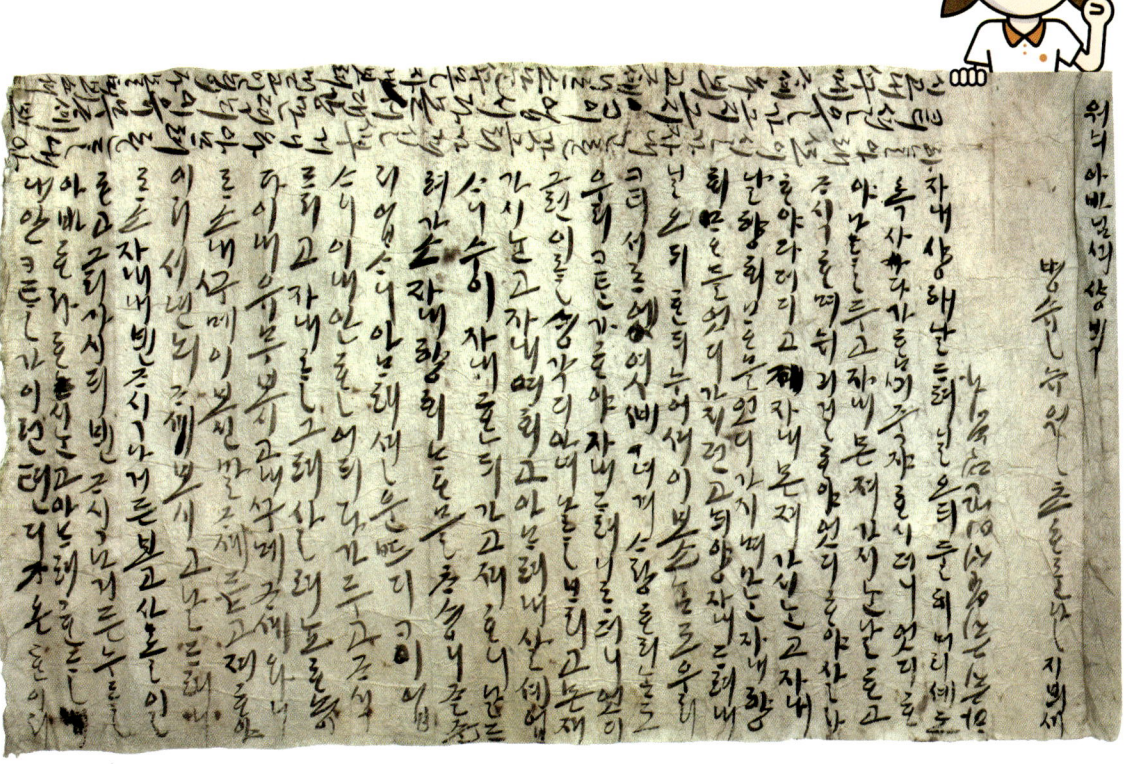

〈원이 엄마 편지〉
〈원이 엄마 편지〉는 아내(원이 엄마)가 죽은 남편(이응태)의 묘에 써 넣은 것으로,
편지 속에는 남편을 그리워하는 부인의 마음이 고스란히 담겨 있습니다.

그림과 어우러진 한글

학예사 선생님의 손에 이끌린 대한이는 순식간에 조선 시대의 한 마을에 가게 되었다.

"아이코, 왜 이렇게 추워. 학예사 선생님은 좀 따뜻한 계절로 보내 주실 것이지."

추위에 목을 자라처럼 움츠린 대한이가 투덜거렸다. 그때 대한이 옆으로 덜컹대며 수레가 하나 지나갔다. 수레에는 아버지와 아들이 타고 있었다. 대한이는 어디로 가는지 알 수 없었지만 그 수레를 얻어 타고 추위를 피하고 싶어서 수레를 뒤따랐다. 그런데 얼마 못 가 수레가 뒤집어지고 말았다.

"쿠르르 쾅쾅!"

수레가 뒤집어지며 수레에 타고 있던 아버지와 아들이 바닥에 뒹굴고 말았다. 대한이는 서둘러 수레가 뒤집어진 곳으로 달려갔다. 대한이는 쓰러진 아이부터 부축을 했다.

"괜찮니?"

"응. 고마워."

아이는 간단히 대답을 하고는 바로 아버지에게 달려갔다.

"아버지 괜찮으세요?"

아이는 쓰러진 아버지 먼저 챙겼다.

"나는 괜찮다. 그런데 어찌 수레가 뒤집어진 것이냐."

"손이 너무 시려 그만 말고삐를 놓쳤습니다. 죄송합니다, 아버지."

아들은 아버지가 자기 때문에 다쳤을까 봐 얼굴에 걱정이 가득했다.

"그리 두터운 겨울옷을 입고도 추위에 말고삐를 놓치다니, 쯧쯧."

아버지는 혀를 차며 한심해했다. 그런데 그때였다. 아들의 두터운 윗옷에서 누런 것이 떨어져 나왔다.

'저게 뭐지? 조선 시대에 오리털 점퍼 입었다는 말은 못 들었는데.'

대한이는 아이의 옷에서 삐져나오는 누런 것을 보고 생각했다. 그것이 이상하기는 아버지도 마찬가지였다.

"민손아, 네 옷에서 나오는 것이 무엇이냐?"

아버지가 아들 민손이의 옷을 보려고 손으로 잡아당기자 민손이의 옷 속에서 갈댓잎이 나왔다.

"아니, 갈댓잎이 왜 옷 속에 있느냐?"

아버지가 놀라 소리치자 민손이는 찢어진 옷을 쥐어 잡고 갈댓잎을 감추려 했다.

"옷이 두꺼운데도 추위를 탄다고 나무랐는데 옷 속에 이것이 들어 추웠구나. 어머니가 네 옷을 이리 만들어 주시더냐?"

민손이는 선뜻 대답을 하지 못했다. 아버지는 뭔가 결심이 선 듯 앞장서서 집으로 향했다. 민손이는 그 뒤를 따랐다. 그리고 대한이도 뭔가 심상치 않은 일이 일어날 듯하여 민손이의 뒤를 따라갔다.

집으로 들어선 아버지는 아내와 아들들을 불러 모았다. 집에는 민손이 말고도 두 명의 아들이 더 있었다. 아버지는 제일 먼저 집에 있던 아들들의 옷부터 확인했다. 두 아들의 옷은 민손이의 옷보다는 두껍지 않았지만 모두 솜이 든 옷이었다.
　아버지의 얼굴이 붉으락푸르락해졌다.
　"부인은 당장 두 아들을 데리고 이 집에서 나가시오!"
　"어찌 그러십니까? 제 아들들이 무슨 잘못이라도 한 것입니까?"
　"아니오, 잘못은 당신에게 있소. 어찌 자신이 낳은 아이와 낳지 않은 아이를 차별하시오. 새어미도 분명 어미이거늘 어찌 자신이 낳은 두 아들에게는 솜옷을 해 입히고, 내 아들에겐 갈댓잎을 넣은 옷을 해 입힌단 말이오."

아버지는 불같이 화를 냈다. 그러자 새어머니는 그제야 자신이 한 일이 들통난 것을 알고 눈물을 흘리기 시작했다. 이 모습을 보고 아들 민손이가 아버지 앞에 무릎을 꿇었다.

"왜 이러느냐?"

"아버지, 새어머니를 한 번만 용서해 주십시오."

"너는 새어머니가 네게 이리했는데도 용서하란 말이 나오느냐?"

"아버지, 부탁드립니다. 자식이 어찌 어머니를 욕하겠습니까. 그리고 아버지가 참으시면 한 아들이 춥지만, 참지 않으시고 어머니를 내쫓으시면 두 아들이 춥습니다. 제발 어머니를 용서해 주십시오."

새어머니는 반성하며 눈물을 뚝뚝 흘렸다. 그 모습을 보니 대한이는 왜 학예사 선생님이 자신을 이곳에 보냈는지 알 것 같았다.

'민손이는 부모님을 받들고자 저리 노력을 했는데 부모님께 편지 한 장 쓰는 것도 귀찮다고 했으니 내가 자식의 도리를 몰랐구나.'

이렇게 대한이가 자신을 반성하자 학예사 선생님은 대한이를 박물관으로 데리고 왔다.

"대한아, 어디 갔다 왔어? 우리는 《삼강행실도》 보고 있었어."

친구들이 《삼강행실도》 그림 앞에서 대한이에게 말했다.

"내가 저기 갔다 왔잖아. 민손이랑 다 보고 왔어."

"정말? 민손이 너무 답답하지?"

"답답하다고?"

"그래, 저렇게 나쁜 새엄마는 쫓겨나야 하는데 아버지를 왜 말리는 거니? 저기 아버지 말리는 그림 좀 봐."

고운이가 열을 내며 말했다.

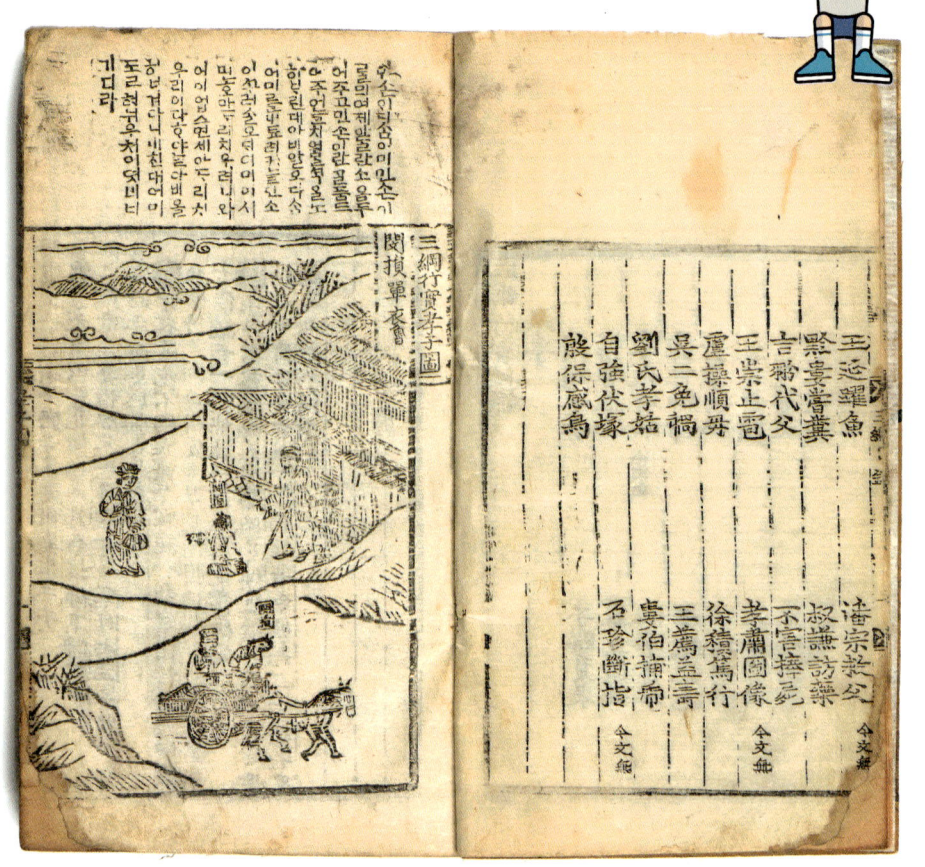

《삼강행실도》
행실도류의 책은 유교의 덕목을 통해 백성에게 예의를 가르치고자 만들어졌습니다. 글을 몰라도 그림을 보고 내용을 쉽게 이해하도록 만들었습니다. 한문과 그림으로 엮은 《삼강행실도》가 1434년에 편찬되었다가 한글로 번역한 《삼강행실도》가 1471년에 나오게 되었습니다. 《삼강행실도》 중 '민손단의'를 바탕으로 한 효자도의 모습입니다.

"그렇게 생각할 수도 있는데 여기에서는 부모에게 효도하라는 이야기를 하고 있는 거야."

대한이가 오랜만에 점잖은 모습으로 고운이를 가르쳤다.

"우리 대한이가 《삼강행실도》를 잘 살피고 왔구나. 맞는 말이다."

학예사 선생님은 대한이를 칭찬했다.

"세종 대왕이 자식이 아버지를 죽이는 끔찍한 일이 일어나자 효자, 효녀 이야기를 책으로 만들어 백성들을 교육시키려 했는데 그때 만든 책이 바로 이 책이란다. 책을 보면 한문은 물론 이해를 돕기 위해 그림과 한글 번역 글이 실려 있지."

"한글이 그림과도 잘 어울려 사용되었네요."

"여기 이것 좀 보세요!"

누리가 항아리를 가리키며 말했다. 항아리에는 한글이 쓰여 있었다.

"시케단지? 이게 뭐지?"

"뭐긴. 식혜를 넣었다는 거 아니야. 식혜."

"하하, 이건 그 식혜가 아니라 가자미식해 같은 식해를 담았던 것으로 추정하고 있단다. 식해는 생선에 소금과 밥을 섞어 발효시킨 음식이지."

학예사 선생님이 설명을 해 주었다.

"아무튼 단지에 이렇게 한글을 쓰다니 신기해요."

아이들은 옛 생활용품에서 한글을 찾는 재미에 빠져들었다.

"여기 봐 봐. 여기 '축'이란 글자가 있어."

나무로 만든 떡살 한가운데에는 '축'이라고 새겨져 있었다.

"이걸로 떡을 찍으면 꽃 모양이랑 축이란 글자가 나오겠다."

아이들이 재미있어하자 학예사 선생님이 재미난 유물을 하나 더 소개했다.

"이건 한글이 쓰인 '습례국'이란 놀이 도구란다."

"작은 나무 조각이 많이 있네요."

"모두 43개인데, 조각마다 한글로 밤, 감, 포 등의 글씨가 쓰여 있지."

"어떤 놀이인지 궁금해요."

"저기 있는 육각형 나무를 굴려서 나오는 숫자대로 나무 조각을 판에 올리는 거야. 나무 조각에 쓰인 글자는 제사상에 올리는 음식의 이름인데 순서대로 음식을 먼저 올리는 쪽이 이기는 거지."

"그러면 제사상 차리는 법이 절로 외워지겠네요."

"하하, 맞다. 그래서 이 놀이 도구가 습례국이야. 예를 익히는 판이라는 뜻이지."

"와, 한번 해 보고 싶어요."

노는 일이라면 빠지지 않는 대한이가 나서서 말했다.

그렇게 아이들은 조선 시대 깊숙이 자리한 한글의 모습을 즐겁게 살펴보았다.

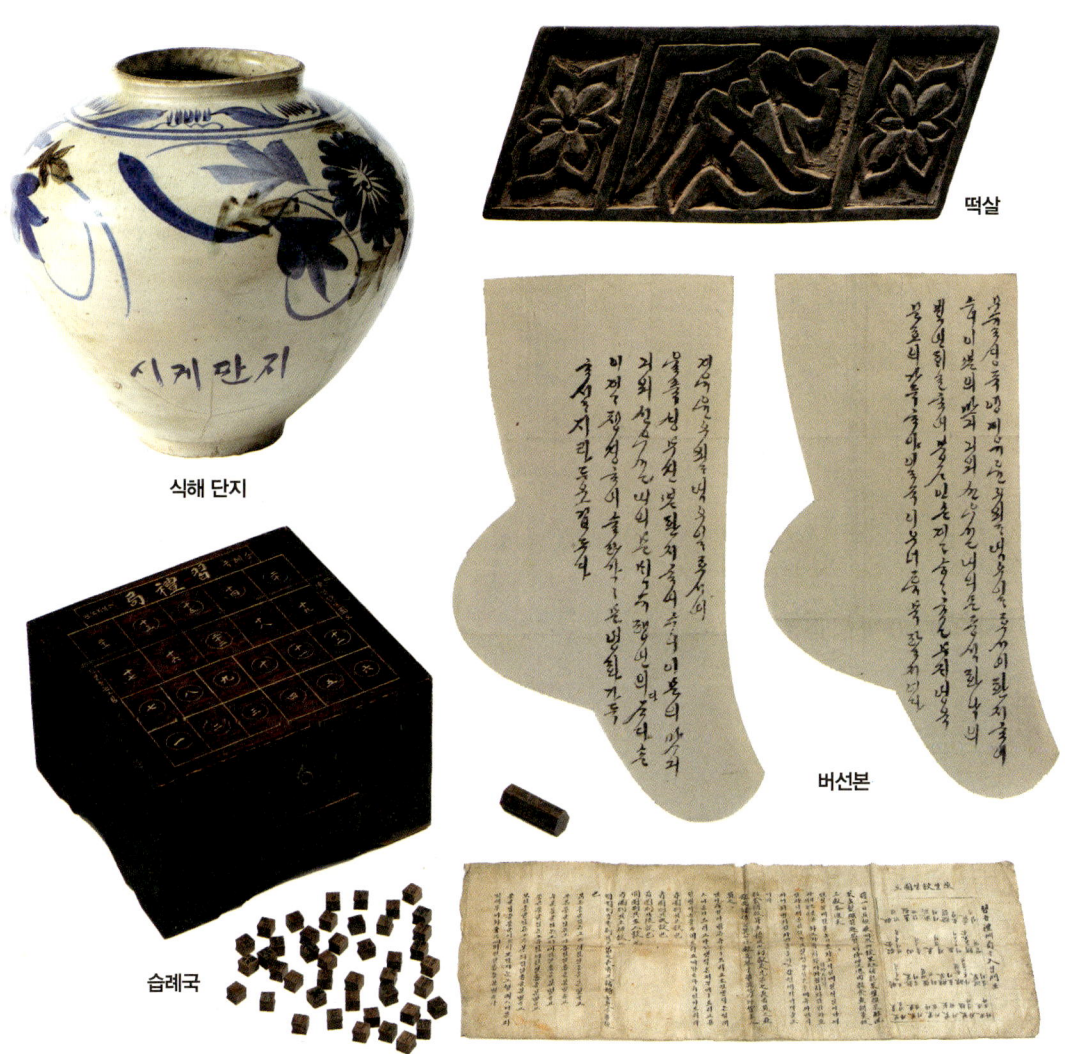

식해 단지, 떡살, 습례국, 버선본
한글이 생활 깊숙이 들어오면서 생활용품에서도 사용되었습니다. 부엌 살림인 식해 단지나 떡살, 바느질 용품인 버선본, 한글을 이용한 놀이 도구인 습례국 등을 통해 이를 찾아볼 수 있습니다.

137

한글로 상상하다!

한글이 만들어지기 전 백성들은 글을 쓰고 읽으려는 생각조차 하지 못했습니다. 글을 읽고 쓰는 것은 한자를 아는 양반들만 할 수 있는 일이었지요. 하지만 한글이 널리 보급되면서 한글로 된 시가 나오고, 소설이 나오기 시작했습니다. 머릿속 상상은 글이 되고, 여러 사람이 함께 누리는 작품이 되었지요.

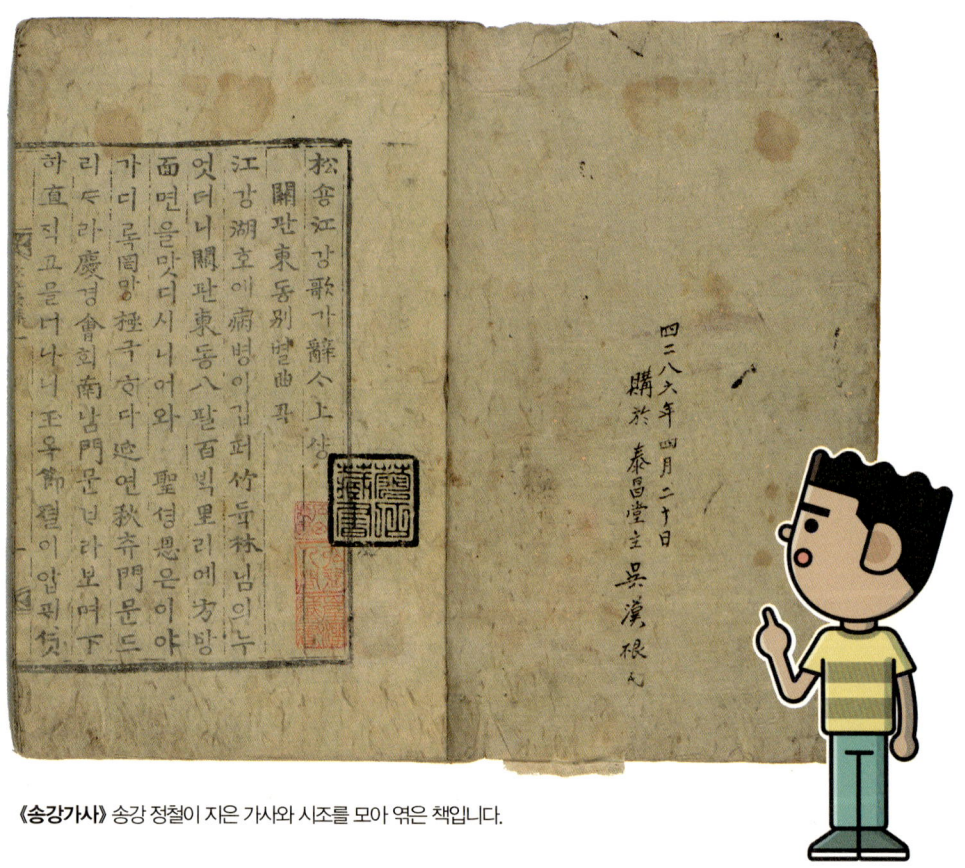

《송강가사》 송강 정철이 지은 가사와 시조를 모아 엮은 책입니다.

훈민정음 창제 초기에는 문학 중에서도 주로 가사와 시조가 한글로 쓰였습니다. 송강 정철이 지은 '관동별곡', '사미인곡', '성산별곡' 등은 한글 시가 문학을 대표하는 작품들이지요. 조선 후기가 되어서는 소설도 한글로 쓰기 시작했습니다. 먼저 《옥루몽》 같은 한문 소설이 한글로 번역되어 퍼지고, 전설과 민담이 한글로 전해지다가, 최초의 한글 소설 《홍길동전》이 등장했습니다. 판소리, 탈춤 대본에도 한글이 쓰였고요.

당시 사람들은 한글 문학에 열광했습니다. 소설을 빌려 읽을 돈을 마련하기 위해 비녀를 판 여인이 있었다는 기록이 있을 정도니 한글이 사람들에게 문화적 즐거움을 가져다준 것은 분명합니다.

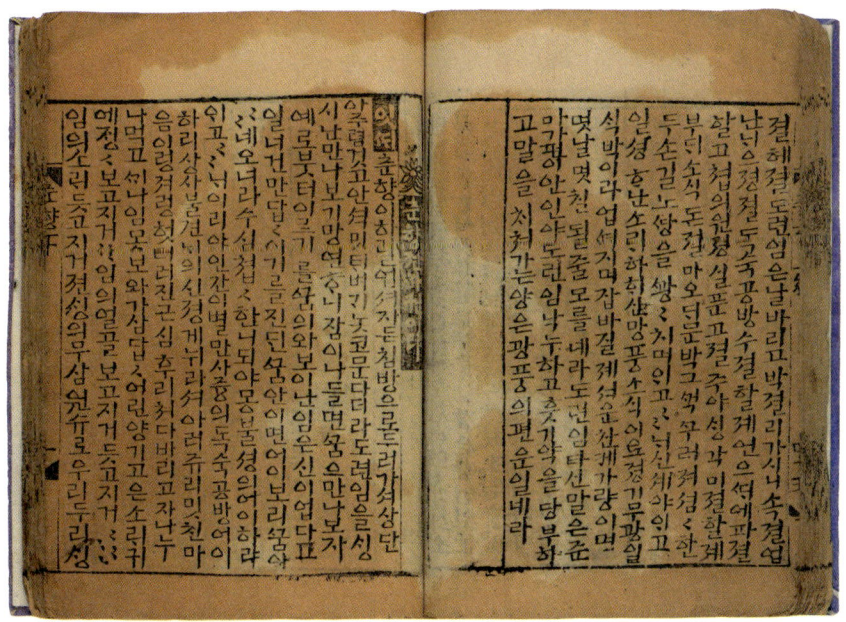

《열녀춘향수절가》 한글로 쓰인 판소리 대본으로, 《춘향전》의 대표적인 이본입니다.

3장

세상에 널리 퍼져 나아가니

1. 거듭나는 한글

한글은 국문이다!

"애들아, 한글의 역사를 살피는 것이 어떠니? 재미있니?"

"예!"

아이들은 한목소리로 대답을 했다. 집에 가고 싶어 하던 고운이도 어느새 학예사 선생님 옆에 바짝 붙어 있었다. 학예사 선생님은 아이들 마음속에 한글이 자리하는 것 같아 기분이 좋았다. 그래서 이번에는 아이들에게 질문을 하나 던졌다.

"애들아, 1894년에 한글에 어떤 일이 일어났는지 아니?"

아이들은 누가 대답하기만 기다리는 듯 서로의 얼굴만 멀뚱멀뚱 바라봤다. 그때 나로가 말했다.

"1894년이면 갑오개혁이 일어난 때 아닌가요?"

학예사 선생님은 맞다며 고개를 끄덕였다.

"갑오개혁? 그게 뭐야? 나로 넌 별걸 다 안다."

대한이가 나로를 신기한 얼굴로 쳐다봤다. 나로가 똑똑한 건 알고 있었지만 이 정도일 줄은 몰랐다는 표정이었다.

"그냥 말만 들어 본 거 같아. 나도 자세히는 몰라."

나로의 말에 학예사 선생님이 설명을 해 주었다.

"갑오개혁은 조선 시대에 대대적으로 이루어진 제도 개혁을

《조선왕조실록》에 실린 고종 칙령
1894년 11월 발표된 칙령을 통해 한글이 공식적으로 국문으로 탄생하게 됩니다.

말한단다. 1894년 봄, 조선에는 동학 농민 운동이 일어났지. 농민들은 잘못된 조선의 정치를 바로잡을 것을 요구했어. 하지만 조선 정부는 동학 농민군을 물리치기 위해 청나라에 도움을 요청하고, 청나라가 한반도에 오자 일본군도 덩달아 조선에 몰려와 청일 전쟁이 일어나지. 청일 전쟁은 일본의 승리로 끝이 나고, 이후 조선은 대대적인 근대 개혁을 하게 돼. 이것이 갑오개혁인데 이때 한글이 한문을 밀어내고 조선의 국문이 되었단다."

"훈민정음이 창제된 게 1443년이니까 꼭 450년 만에 우리나라의 공식 문자가 된 거네요."

누리가 감격스런 표정으로 말했다.

"그래, 한글이 그때서야 제대로 자리 잡았다고 할 수 있지. 고종은 이제부터 한자가 아닌 한글을 국문으로 정하고 공식 문서뿐 아니라 개인이 쓰는 문서에도 한글을 사용하라고 했어. 한문에는 한글 번역을 붙이거나 국문과 한문을 함께 사용하는 국한문 혼용을 하라고 했지."

"이제는 나라에서도 한문이 아닌 한글을 쓰는 거네요."

"맞아, 문자 사용이 한순간에 바뀔 수는 없었지만 점차 한글 사용이 늘어났지."

"선생님, 여기 있는 신문을 보니 정말 한글이 많이 보이는데요."

마침 고운이가 박물관 전시물을 가리키며 말했다. 전시관에는 〈독립신문〉, 〈황성신문〉, 〈매일신문〉 등이 전시되어 있었다.

"이 신문들은 보다시피 모두 국문(한글) 혹은 국한문 혼용으로 만들어

〈독립신문〉
1896년 4월 7일, 서재필이 창간한 〈독립신문〉은 우리나라에서 최초로 발간된 순 한글 민간 신문으로 영문판도 함께 발간되었습니다. 국문판에서는 한글 전용과 띄어쓰기를 획기적으로 사용하여 그 뒤에 창간된 민간 신문에 많은 영향을 끼쳤습니다.

졌단다. 한글이 국문이 된 뒤 우리나라의 각 분야에서 한글이 본격적으로 사용되었다는 걸 알 수 있지."

"와, 이게 바로 서재필 박사가 만든 〈독립신문〉이군요."

애국심이 투철한 대한이는 〈독립신문〉에 유난히 관심을 보였다.

"〈독립신문〉은 당시 많은 사람들이 보던 신문이었지. 1896년 창간하여 300부 정도를 만들었지만 금세 10배가 넘는 독자가 생겨났단다. 특히 〈독립신문〉은 대표적인 국어학자인 주시경 선생이 편집을 맡아서 만들었다고 해."

"서재필 박사가 아니고요?"

"하하, 신문을 한 사람이 만들 수는 없지 않겠니? 서재필 박사가 신문 편집을 한글 학자인 주시경 선생에게 맡긴 거야. 주시경 선생은 〈독립신문〉의 내용을 모두 한글로 담았어. 그렇게 한글 보급에 앞장섰지. 그리고 띄어쓰기를 하고, 마침표도 사용하여 한글을 읽기 편하게 했단다."

"아, 맞다. 옛날에는 한글을 띄어 쓰지 않았던데 이 신문에는 띄어쓰기가 되어 있네요."

"한자를 쓸 때는 글자 속에 뜻이 담겨 있으니 띄어쓰기가 필요 없지만 한글은 띄어 써야 뜻이 명확해지지. 그래서 주시경 선생은 한글 띄어쓰기를 강조했고, 문장을 이해하기 쉽게 하기 위해 마침표도 사용한 거야."

"'아기다리고기다리던방학'이 '아! 기다리고 기다리던 방학'이 된 거네요."

"하하, 고운이가 띄어쓰기의 예를 재미있게 잘 들었구나."
"제가 띄어쓰기 틀릴 때마다 엄마가 그렇게 얘기하시거든요."
고운이의 이야기에 누리와 대한이가 한바탕 웃었다.
"주시경 선생은 한글이 얼마나 소중한 것인지 잘 알고 있는 분이었어. 나라에 고유한 말과 글이 있는 것은 그 나라가 이 세상에서 자주국이 되는 것이라고 말씀하셨지."
"말과 글이 있어야 온전한 나라가 된다는 말이군요."
"그래. 그래서 주시경 선생은 한글 연구에 힘을 쏟은 거야."
"그럼, 이제 많은 사람들이 편리하게 한글을 썼겠네요?"

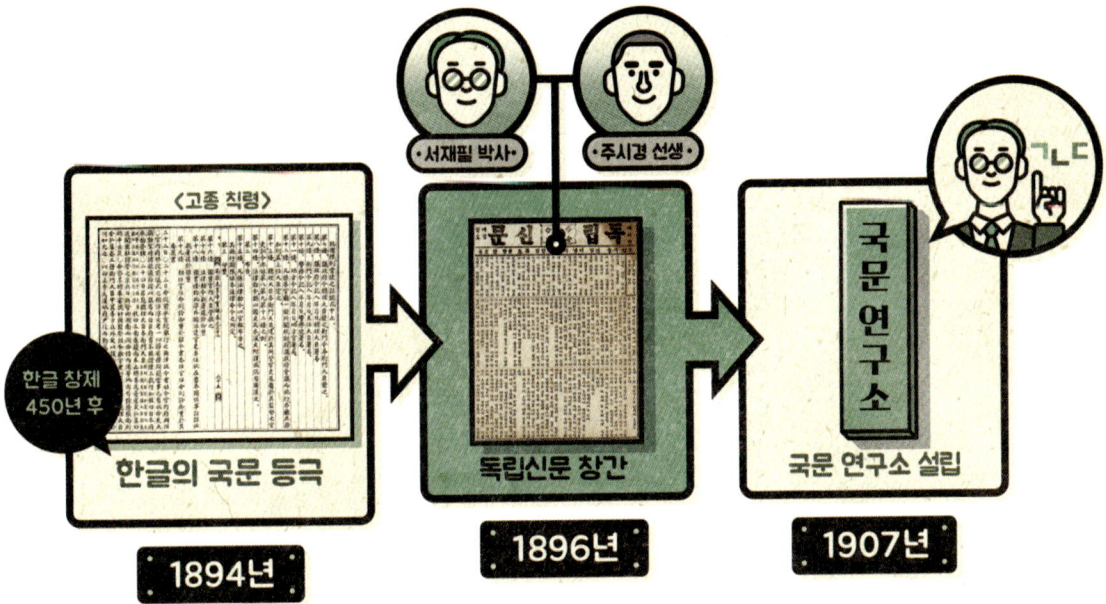

나로와 학예사 선생님의 진지한 대화에 끼어 대한이가 물었다. 하지만 학예사 선생님은 고개를 가로저었다.

"아까도 말했지만 문자 생활은 하루아침에 바뀌기가 어려워. 한글이 국문이 되었지만 아직 우리나라에는 한글 표기의 기준이 정해지지 않아서 혼란이 많았지. 주시경 선생도 〈독립신문〉을 만들면서 어떤 표기를 써야 할지 고민이 많았을 거야."

"그럼 이 문제를 어떻게 해결했어요?"

나로는 표기법 문제를 심각한 얼굴로 같이 고민했다.

"세종 때 언문청이 만들어진 이후 처음으로 나라에 '국문 연구소'라는 한글 연구 기관이 만들어지지."

"한글이 국문이 되더니 대우가 달라지네요."

누리가 신이 난 듯 말했다.

"그래, 국문 연구소에는 주시경 선생도 참여하여 우리말 표기 기준을 만들기 위해 노력하지. 하지만 여러 학자들의 노력은 빛을 보지 못하고 말아."

"왜, 왜요?"

대한이가 다급하게 물었다.

"1910년 우리나라가 일본에 주권을 빼앗겼기 때문이지."

대한이의 다급함에는 불안함이 담겨 있었던 걸까. 모두가 걱정했던 일이 한글에도 일어났다.

한글날의 유래

10월 9일은 한글날입니다. 한글 창제를 기념하고, 한글의 우수성을 기리는 날이지요. 그럼 언제, 어떻게 한글날이 만들어졌을까요?

1894년 한글이 국문이 되고, 1910년 우리는 일제 강점기를 맞습니다. 우리나라의 주권을 일제에 빼앗긴 것이지요. 하지만 한글 학자들은 나라를 잃은 상황에서도 한글을 연구하고 발전시키는 노력을 합니다. 그리하여 조선어 연구회는 1926년 훈민정음 반포 480년을 기념하여 '가갸날'을 제정합니다. 당시에는 한글을 '언문, 반절, 가갸'라고 부르곤 하여 붙여진 이름입니다. 그러다 다음 해인 1927년, 조선어 연구회의 기관지 〈한글〉을 창간하면서 한글날이라고 부르게 되지요. 당시에는 한글날을 음력 9월 29일로 하였습니다. 훈민정음 반포가 음력 9월에 이루어졌다는 《조선왕조실록》의 기록에 의한 것입니다. 그리고 1931년부터는 음력으로 지키던 한글날을 양력 10월 29일로 정했고, 1934년에 양력을 다시 계산하여 10월 28일로 정합니다. 이것은 광복 이후 10월 9일로 바뀌게 됩니다. 음력 9월 상한에 훈민정음을 반포했다는 《훈민정음》 해례본의 기록을 바탕으로 바꾼 것입니다.

매년 한글날에는 한글 관련 문화 공연과 전시회, 국어학 학술 대회 등이 열리며 한글날을 기념하고 있습니다. 한글날을 기념하는 것도 중요하지만 무엇보다 우리 모두 한글을 지키고 바르게 사용하며 발전시키려는 마음을 갖는 것이 중요할 것입니다.

2. 위기의 한글, 그러나

우리말, 우리글을 지켜라!

"세종 대왕이 훈민정음을 만들고 450년이 지나 드디어 우리나라 문자로 인정받아 국문이라 불리던 한글은 일본의 식민지가 되면서부터는 '조선어'라 불리게 되었어."

"그럼, 당시에 국문은 뭐였죠?"

"일본어를 국문이라 하고, 한글을 조선어라고 했지."

이 말을 듣고 아이들 모두 실망한 얼굴이 되었다. 학예사 선생님은 아이들을 다독이며 말을 이었다.

"그렇게 실망하지 말렴. 우리에겐 훌륭한 독립운동가들이 많았잖아. 한글을 지키는 데에도 그런 분들이 계셨단다."

학예사 선생님은 전시물 하나를 가리켰다. '말모이 원고'라는 전시물이었다.

"말모이? 이게 뭐예요?"

"말모이란 사전을 뜻해. 일제는 우리말을 하지도 쓰지도 못하게 하려 했지만 우리 조상들은 말과 글을 지키기 위해 쉬지 않고 노력했어. 이렇게 우리말 사전을 만들려고 하고 말이야."

선생님의 말에 아이들이 전시물을 더 관심 있게 들여다보았다.

"이것은 주시경 선생이 사전을 만들기 위해 직접 손으로 써 놓았던 거란다. 이렇게 하나하나 손으로 써서 사전 만들 준비를 하셨지."

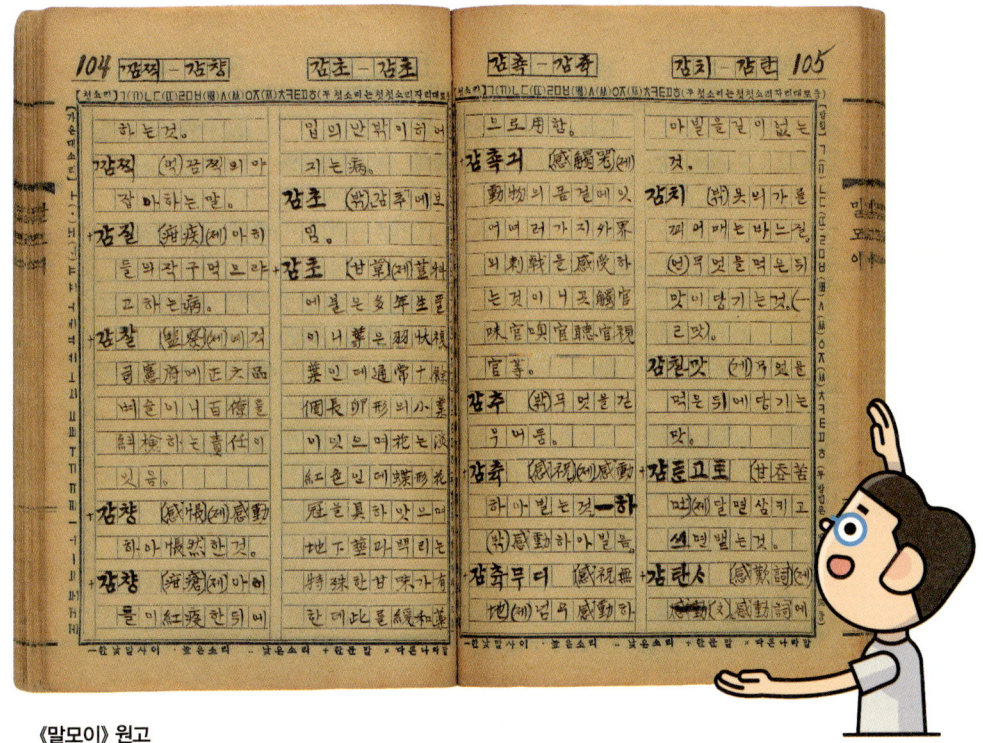

《말모이》 원고
말모이는 '사전'이란 뜻으로 1911년 조선 광문회에서 편찬을 추진하였으나 실제로 출간되지는 못했습니다. 최초의 국어사전이라고 할 수 있습니다.

"와, 하나하나 손으로 쓰다니 정말 놀라워요."

"주시경 선생님은 일찍부터 한글의 소중함을 알고 강습소를 열어 국어를 가르치기도 했어. 이때 주시경 선생에게 배운 제자들은 후에 조선어 학회를 만들어 한글 지킴이 활동을 하지."

"선생님, 여기 〈한글〉이란 책이 있어요."

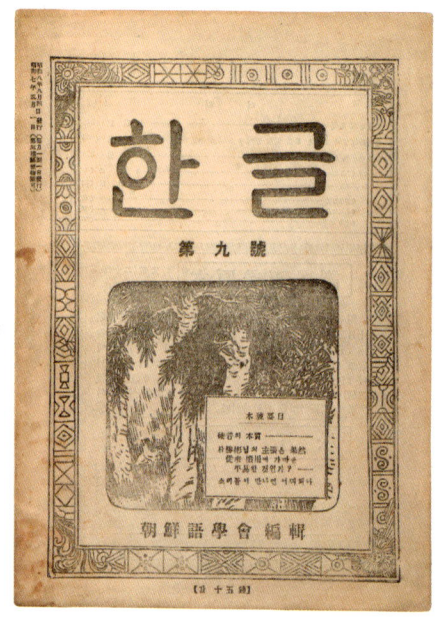

〈한글〉
한글 학회에서 내는 우리말과 우리글에 대한 잡지입니다. 조선어 연구회에서 동인지 형식으로 1927년 2월에 창간하여 9호까지 냈고, 1932년 5월 조선어 학회가 다시 〈한글〉을 창간하여, 오늘날까지 이어지고 있습니다.

누리가 전시물 하나를 가리키며 말했다.

"누리가 중요한 유물을 찾았구나. 이것이 바로 조선어 학회에서 만들었던 〈한글〉이란 잡지란다. 한글과 관련한 지식과 정보를 담은 책이지. 〈한글〉은 오늘날에도 발행이 되고 있는데 한때 발행이 중단된 적도 있었어."

"언제요?"

"일제의 탄압으로 조선어 학회 사건이 터져서 많은 한글 학자들이 감옥에 갇혔을 때지."

"학자들이 왜 감옥에 갇혀요?"

대한이가 목소리를 높여 물었다.

"일제 강점기에 억울한 일이 한두 가지였겠니."

학예사 선생님이 긴 한숨을 내쉬었다. 그러자 대한이가 먼저 학예사 선생님의 손을 잡았다. 그 시대로 가 보고 싶다는 뜻이었다. 그러자 고운이가 대한이의 팔을 잡아끌었다. 일제 강점기로 가서 대한이까지 괜히 억울한 일을 당할까 봐 걱정한 것이다.

"우리가 잘 알아야 하는 일이라고 생각해요. 슬프고 답답한 일이라고 모른 척하면 절대 해결할 수 없고, 그런 일이 다시 일어날 수 있잖아요."

대한이가 제법 진지하게 말했다. 그러자 누리도 학예사 선생님의 손을 잡았다. 이어 나로도 옆에 서서 대한이의 손을 잡았다. 고운이는 친구들의 얼굴을 한 명씩 쳐다보더니 뒤늦게 마음을 먹은 듯 누리 옆에 섰다. 이렇게 처음 조선 시대로 갈 때처럼 모두 손을 잡았다.

"우리가 지난 역사를 바꿀 수는 없단다. 우리가 가서 할 일은 대한이 말대로 잘 보고 가슴에 새기는 거야. 알겠니?"

"예!"

아이들이 대답하자 학예사 선생님은 힘을 주어 아이들의 손을 잡았다.

그렇게 아이들은 일제 강점기로 갔다.

"으, 분위기가 이상한데요."

일제 강점기 거리의 모습은 어딘지 어두웠다. 아이들은 목까지 뻣뻣해질 정도로 긴장이 되었다.

"1910년 우리의 국권을 빼앗은 일본은 점점 강도를 높여 우리 민족을 탄압했단다. 우리가 온 1940년대는 민족 말살 정책이 펼쳐지던 악랄한 시대지. 우리말을 쓰는 것도, 한글을 배우는 것도 금지되었고, 이름까지 일본식으로 바꾸라고 했으니 사람들은 이대로 우리나라가 사라질까 봐 두려웠을 거야."

학예사 선생님은 아이들에게 허름한 사무실 같은 곳을 들여다보게 했다. 그곳에서는 여러 사람이 고개를 숙이고 일에 열중하고 있었다.

"모두 뭘 하는 거예요?"

"저분들이 우리가 만나려고 했던 조선어 학회의 국어학자들이란다. 지금 우리말 사전을 만들기 위해 원고 작업을 하는 거야."

"우아, 저 옆에 쌓인 종이 좀 보세요. 벌써 많은 일을 하셨나 봐요."

"너희 사전 본 적 있지?"

"너무 두꺼워서 속 내용 몇 부분만 봤어요."

"그래, 사전은 하나같이 참 두껍지. 그렇게 많은 내용을 담고 있는 것이 사전이니 원고량도 많을 수밖에."

아이들은 창밖에서나마 국어학자들을 응원했다. 그런데 그때였다. 갑자기 사무실로 일본 경찰들이 들이닥쳤다.

"모두 잡아가!"

경찰들은 설명도 없이 학자들을 잡아끌었다.

"어머머, 왜 저러는 거예요?"

고운이가 놀라 소리쳤다.

"뭔가 사고가 터진 모양이구나. 이유를 알아보자!"

학예사 선생님은 아이들을 데리고 경찰서로 갔다.

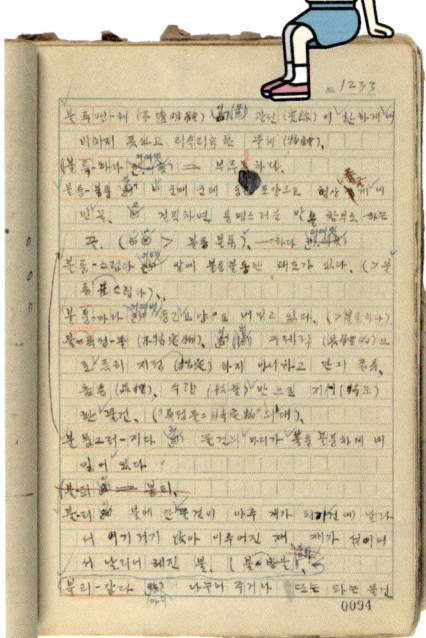

《조선말 큰사전》 원고
한글 학회가 편찬한 우리말 사전 모두 16만 4125개의 어휘를 수록한 것으로, 1929년에 집필을 시작하여 1957년에 완간되었습니다.

"야스다 형사님, 제발 우리 아이를 풀어 주세요."

한 아주머니가 경찰서에서 형사를 붙잡고 애원을 했다.

"학생이 사실을 말하면 풀어 줄 테니 비켜!"

형사는 아주머니를 매몰차게 뿌리쳤다.

"어린아이가 뭘 알겠어요. 부탁입니다."

"어린아이라니, 일본 제국을 무너뜨릴 계획을 짜고 있는데!"

"당신도 우리나라 사람이잖아요. 제발."

"어허, 겁도 없이. 이제 우리나라는 일본이다. 알겠나?"

형사는 아주머니를 뿌리치고 조사실로 들어가 버렸다. 학예사 선생님과 아이들은 복도 끝에 몸을 숨기고 이 장면을 보았다.

"선생님, 어찌 된 일이지요?"

고운이가 걱정스런 목소리로 물었다.

"한 여학생이 일기장에 국어를 썼다가 선생님께 혼이 났다는 사실을 알게 된 경찰이 그 선생을 잡으려 하는 거야."

"왜 혼이 나요?"

"당시 국어는 일본어이니, 일본어를 쓴 학생을 우리나라 선생님께서 나무라신 거지."

"아, 맞다. 이때는 일본어가 국어지."

"일본 경찰은 그 선생이 독립운동을 한다고 생각한 거야. 그래서 그 선생이 누군지 여학생에게 말하라고 한 거지. 독립운동의 가능성이 있다면 누구든 잡아 가두었으니까."

"저 형사는 우리나라 사람이라면서요."

"우리나라 사람이지만 일본 경찰이 되어 일본을 위해 일하는 거지."

아이들은 같은 민족이면서도 한 사람은 나라를 찾으려 하고, 한 사람은 나라를 찾으려는 사람을 잡아들이려 하는 상황이 안타까웠다.

"그런데 정말 여학생의 선생님은 독립운동을 하셨나요?"

"그분은 조선어 학회 활동을 한 정태진 선생이란다. 당시 정태진 선생은 학교를 그만두고 조선어 학회에서 우리말 사전 만드는 일을 하고 있었어."

"아, 아까 원고를 쓰고 계시던 분들처럼요?"

"맞아. 그래서 일본어를 사용하는 학생에게 그러지 말라고 가르친 것이기도 하고."

그때였다. 경찰서로 우르르 사람들이 잡혀 들어왔다.

"지분들은 누구예요?"

"조선어 학회 학자들이 잡혀 오고 있구나. 일본이 이번 일로 조선어 학회를 없애 버리려는 거야."

잡혀 온 한글 학자들은 수십 명에 이르렀다. 이들은 모진 고문을 받고 감옥에 갇히고 말았다. 그 과정에서 목숨을 잃는 학자도 생겨났다. 하지만 이들의 한글 사랑은 꺾이지 않았다. 그들은 고통 중에도 우리말 사전을 만들어야 한다는 걱정부터 하고 있었다.

감옥에서도 한글 사전 원고를 걱정하는 한글 학자들을 보며 아이들은 눈물이 났다.

"선생님, 이제 어떻게 해요? 한글 학자들도, 한글 사전 원고도 너무 걱정돼요."

누리가 울음 섞인 목소리로 물었다. 학예사 선생님은 누리를 다독이며 말했다.

"광복이 멀지 않았단다. 그때까지 잘 이겨 내기를 빌어야지."

학예사 선생님은 걱정하는 아이들에게 광복을 보여 주기 위해 손을 꼭 쥐었다.

"대한 독립 만세! 만세!"

학예사 선생님의 손에 이끌려 아이들은 광복된 서울 거리에 서게 되었다. 1945년 8월 15일, 우리나라는 드디어 광복을 맞은 것이다.

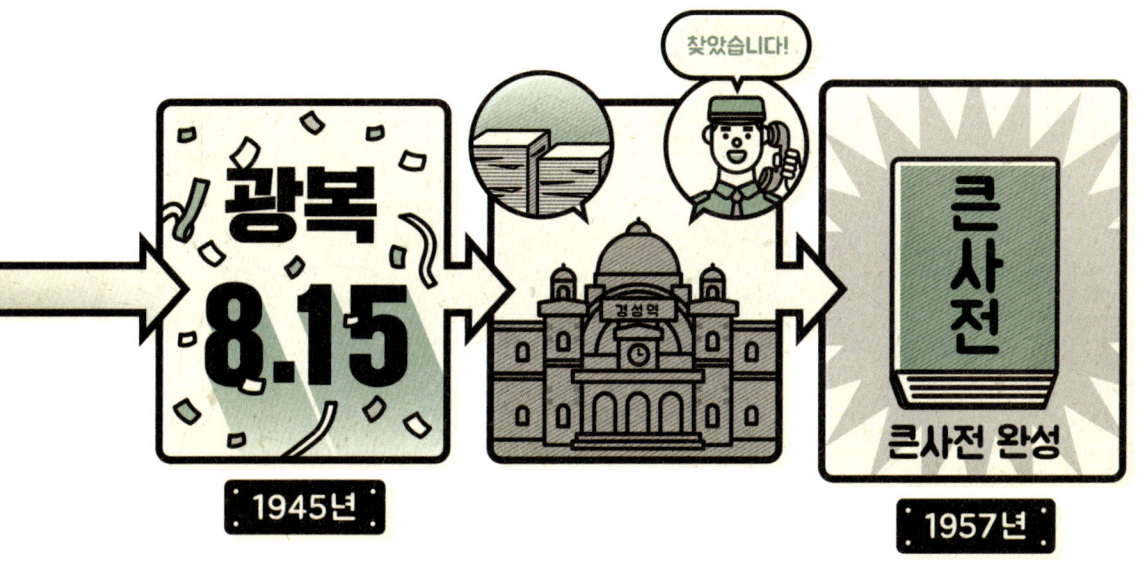

"선생님, 어서 조선어 학회 학자들을 찾아가 봐요."
누리가 힉예시 선생님의 손을 잡아끌었다.
"어서 일본이 빼앗아 간 사전 원고를 찾아야 합니다."
"원고를 빼앗긴 지 3년이 흘렀군요. 잘 있어야 할 텐데요."
광복이 되어 한곳에 모인 학자들은 가장 먼저 사전을 만들기 위해 써 놓은 원고 걱정부터 했다.
"우리 조선어 학회에서 1929년부터 13년 동안이나 노력하여 써 내려 간 원고입니다. 꼭 찾아야 합니다."
조선어 학회 학자들은 원고가 있을 만한 곳을 찾아 열흘이 넘도록 헤매고 다녔다.

"여기에도 없는 건가요?"

"없다는군."

하루하루가 지날수록 학자들의 희망은 사그라지고 있었다.

"모두 사라진 모양이야. 그 많던 원고가."

"처음부터 다시 시작해야 하는 건가?"

그런데 그때였다. 학자들에게 원고를 찾았다는 연락이 왔다. 학예사 선생님과 아이들도 학자들을 뒤따라갔다. 그곳은 경성역 창고였다.

"전에 우리를 찾아오셨었지요?"

역장은 학자들 앞으로 2만 6500여 장의 종이 뭉치를 내놓았다.

"아니, 이것은!"

종이에는 빼곡히 한글이 쓰여 있었다. 사전 원고였던 것이다.

"일본이 조선을 떠나면서 이곳 창고에 갈 곳 없는 화물이 쌓였답니다. 그것들을 정리하다가 고등 법원으로 보내려 했던 상자를 발견했지요. 그런데 그 상자를 열어 보니 이렇게 원고가 들어 있지 뭡니까. 전에 찾아와서 애타게 원고를 찾으시던 것이 기억이 나서 이렇게 돌려 드리게 되었습니다."

역장은 원고를 찾고 기뻐하는 학자들을 보며 함께 웃었다.

학예사 선생님과 아이들은 안심하며 경성역을 빠져나왔다. 고운이는 가슴을 쓸어내리며 말했다.

"조선어 학회 학자들이 서둘러 찾으러 다니지 않았으면 원고는 못 찾을 뻔했네요."

"그러게 말이다. 감옥 생활이 힘들었을 텐데 바로 원고부터 찾아다니더니 좋은 결과를 얻었구나."

"하늘이 도왔다는 말은 이럴 때 쓰는 것 같아요."

대한이도 신이 나서 말했다.

"어쩌면 세종 대왕님이 하늘에서 보고 도왔을지도 모르죠."

나로가 대한이의 말에 맞장구를 쳤다.

"하하, 그럴지도 모르겠구나. 그 덕분에 우리나라의 큰사전이 완성되었으니까."

아이들의 어두웠던 표정은 어느새 활짝 펴졌다.

주시경과 조선어 학회

주시경은 우리나라를 대표하는 한글 학자입니다. 주시경은 한글 연구는 물론 한글을 가르치는 일도 열심히 하여 '주보따리'라 불릴 정도였습니다. 보따리 장사처럼 책을 싸맨 보따리를 들고 지역을 가리지 않고 다니며 학생들에게 한글을 가르쳤기 때문입니다. 이때 주시경에게 배운 학생들은 이후 우리나라의 국어를 이끌어 가는 학자가 되어 한글을 발전시켰습니다. 그리고 그들이 만든 것이 조선어 학회입니다.

주시경이 세상을 떠나고 그의 제자들은 1921년 조선어 연구회를 만들어 한글 연구를 합니다. 그리고 이것이 조선어 학회로 이어집니다. 조선어 학회는 한글 맞춤법 및 표준어 정리, 국어사전 편찬 사업 등을 합니다. 그러다 1942년 일제의 탄압으로 33명에 이르는 조선어 학회 회원이 감옥에 갇히게 됩니다. 이것이 조선어 학회 사건입니다. 조선어

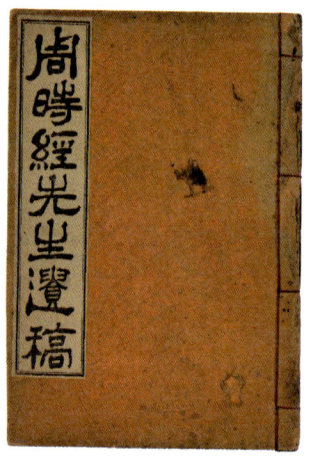 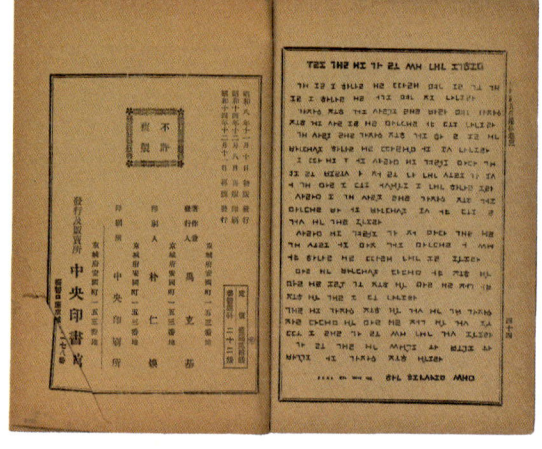

《주시경선생유고》
주시경을 기리기 위해 주시경의 저서 중
《조선어문전음학》,《국어문법》,《말의 소리》의 세 권을 한데 모아 펴낸 책입니다.

학회 학자들은 모진 고문과 감옥 생활을 견디다 1945년 우리나라가 해방되고 나서야 감옥에서 나옵니다.

괴로움을 무릅쓴 사전 편찬은
지사로서의 의무를 다한 일이었네.
이것이 또한 범죄라면
마침내 시황제의 손에 불살라지리.
목 놓아 통곡하고 싶어도
어이하여 그렇게 할 수 없는고.
깊은 밤 감방에서
홀로 누워 있노라니 눈물만 흐를 뿐.
– 이극로(조선어 학회 회원, 한글 학자. 옥중음(獄中吟) 중에서)

스마트폰을 대면
한글의 연구와 교육에 힘쓴 조선어 학회의
활동 모습을 볼 수 있어요.

글장님 없애기 운동

박물관으로 돌아온 아이들은 기분이 한결 좋았다. 일제 강점기의 고통은 말로 다 할 수 없는 것이었지만 우리 민족이 잘 이겨 냈다는 생각이 들었기 때문이다.

"선생님, 이건 뭐죠?"

고운이가 다시 전시물 하나를 가리키며 물었다.

"이것은 언문 반절표라고 한단다. 이런 표를 보며 한글을 배웠지."

"아, 저도 이런 거 있었어요."

언문 반절표를 보고 대한이가 반가운 표정으로 말했다.

"뭐야, 이런 걸 네가 가지고 있었다고?"

고운이가 말도 안 된다는 듯 따져 물었다.

"우리 엄마가 나 어릴 때 커다란 종이를 냉장고에 붙여 두고 한글을 읽게 했는데, 그게 이것과 비슷했단 말이야."

"아, 그거?"

"나도 있었어."

"나도."

아이들은 모두 알겠다는 듯 고개를 끄덕이며 말했다.

"하하, 꼬마들에게 한글을 가르치는 글자판 말이구나. 한글은 자음과 모음이 만나서 만들어지니 이런 표로 배울 수 있지. 그래서 옛날부터 반절표를 만들어 한글을 배웠단다. 요즘 만드는 것은 그림이며 색감이 훨씬 화려하겠지만 말이다."

아이들은 옛날에 배운 방식으로 자신들도 한글을 익혔다고 생각하니 신기한 기분이 들었다.

"한글이 국문이 되면서 본격적인 한글 교육이 이루어지기 시작했지. 그래서 이런 반절표는 교과서 앞부분에 실리기도 했어. 이제부터 한글 교육을 위해 만들어진 책을 좀 보자꾸나."

학예사 선생님은 아이들을 새로운 전시물 앞으로 안내했다.

"자, 이것은 한글 교육에 쓰인 책들이란다."

"우아, 시대별로 전시가 되어 있네요."

전시 공간에는 1890년대부터 차례로 기록이 되어 있었다.

"한글이 국문이 되면서 가장 중요하게 생각한 것은 한글 교육이었단다. 한글은 한문보다 훨씬 쉽게 배울 수 있는 문자이지만 그동안은 국문이 아니었기 때문에 제대로 가르치려는 노력을 하지 않았지. 그래서 한글이 구문이 되자 나라에서는 서둘러 한글을 가르치는 국어 교과서를 만들었단다."

"1895년에 만든 《국민소학독본》이 우리나라 최초의 국어 교과서라고 쓰여 있는데요."

"자세히 잘 보았구나. 한글이 국문이 되고 서둘러 만든 국어 교과서란다. 하지만 저 책은 국어만 다룬 것이 아니라 다양한 내용이 담겨 있지."

"그런데 선생님, 1910년이 되니 책 제목에 다 '조선어'라는 말이 들어가요."

누리가 의아해하며 물었다.

"1910년 한일 병합 조약을 맺은 후, 그러니까 일제에 나라를 빼앗기면서 한글을 국어가 아니라 조선어라 불렀다고 했지? 그래서 책 제목에도 조선어라는 말을 붙인 거야."

"나라를 빼앗기니 한순간에 모든 것이 바뀌는군요."

"그래, 한동안은 교과서도 조선 총독부에서 만든 것이 쓰였지. 당시 교과서들은 일본어에 필요한 한문을 가르치는 내용이 많아서 실제로 한글 교육에 도움이 되지는 않았단다."

"으, 다시 화가 나려고 해요."

대한이가 주먹을 세게 쥐며 말했다.

"진정하렴. 그래도 이전보다 일제 강점기에 한글이 많이 보급되었으니까."

"정말요?"

"어떻게요?"

학예사 선생님의 말에 누리와 고운이가 놀라 물었다.

"나라에 위기가 닥치자 사람들은 배워야 위기를 넘기고 나라도 되찾을 거라고 생각했어. 그래서 교육에 열의를 보였지. 당연히 한글 교육에도 노력을 기울였어. 한글 학자들이 곳곳에서 한글을 가르쳤고, 우리나라 신문들은 문맹 퇴치 운동, 글장님 없애기 운동을 펼쳤단다."

"글장님이오?"

"글을 읽을 줄 모를 때 까막눈이라고 하잖아. 그것처럼 글을 모르는 사람을 글장님이라고 부른 거야."

"그래서 결과는 어땠나요?"

누리가 궁금한 눈빛으로 물었다.

"결과는 대성공이었어. 일제는 한글을 못 쓰게 탄압했지만 우리 민족은 더 부지런히 배워서 문맹률을 크게 낮췄지."

"우리나라의 문맹률이 낮다더니 이때부터 시작되었군요."

나로가 웃으며 말했다. 그러자 대한이가 나로를 툭툭 쳤다.

"나로야, 문맹률이 뭐냐?"

"글을 모르는 걸 문맹이라고 해. 글장님, 까막눈과 같은 말이지. 그러니까 문맹률은 글을 모르는 사람의 비율을 말하는 거지."

"그래, 나로가 잘 설명했다. 우리나라는 문맹률이 2퍼센트 정도밖에 되지 않아. 한글이 체계적이고, 과학적으로 만들어졌기 때문에 가능한 일이기도 하지."

"선생님, 글을 읽고 쓸 줄만 알고, 뜻을 모르는 건 문맹 아니에요? 대한이가 문맹률이란 말의 뜻을 모르는 것처럼요."

고운이가 학예사 선생님과 대한이를 번갈아 보며 물었다.

"하하, 편지를 읽고 쓸 정도만 되면 문맹은 아니야. 우리 대한이는 책을 열심히 읽으면 좋겠구나. 그러면 다양한 말과 문장을 접하게 돼서 어휘력도 늘고, 자연히 말과 글을 이해하는 능력도 높아질 거야."

학예사 선생님은 대한이를 격려했다. 그 말에 대한이는 기죽지 않고 그러겠다고 했다.

"이 교과서는 재미있어 보여요."

고운이와 대한이가 실랑이를 하는 사이 누리는 흥미로운 교과서 하나를 발견했다.

"교과서 이름이 《바둑이와 철수》예요."

"이건 1950년에 나온 국어 교과서야. 이야기 학습법이라고 해서 모두 하나의 이야기로 꾸며진 것이 특징이지. 이야기의 주인공은 철수와 영이, 바둑이란다."

"이야기라고 하니까 한번 읽어 보고 싶어요. 재미있을 거 같아요."

나로도 관심을 보였다.

"전 제목이 맘에 안 들어요. 주인공은 셋인데 영이만 쏙 빼놓은 게 같은 여자로서 기분 나빠요."

고운이가 입을 빼죽이며 말했다.

"허허, 그럴 수 있겠구나."

학예사 선생님이 이번에는 고운이를 다독였다.

이렇게 아이들은 시대별 국어 교과서를 통해 한글 교육의 과정을 살펴보았다.

한글 맞춤법 통일안

    1933년 조선어 학회는 '한글 맞춤법 통일안'을 발표합니다. 드디어 한글 표기의 기준이 마련된 것입니다.

    1894년에 한글은 우리나라의 문자인 국문이 됩니다. 하지만 마땅한 표기 기준이 없어서 많은 혼란이 있었습니다. 정부에서는 서둘러 '국문 연구소'를 만들고, 한글 표기 규정에 대한 연구를 하게 하였습니다. 그 결과 1909년 '국문 연구 의정안'이 만들어집니다. 그러나 1910년 일제에 나라를 빼앗기며 의정안은 효과를 보지 못했습니다. 하지만 학자들은 한글 연구를 멈추지 않고 한글 맞춤법 통일안을 완성합니다. 1909년에 만든 국문 연구 의정안이 한글 맞춤법의 바탕이 되어, 처음으로 한글 맞춤법 통일안이 만들어진 것입니다. 1933년 조선어 학회에 의해 완성된 '한글 맞춤법 통일안'은 오늘날까지 이어져 우리가 사용하는 한글 맞춤법에도 큰 영향을 주었습니다.

1933년 발표된 《한글 마춤법 통일안》
1940년에 2차 수정안이 나오면서 '마춤법'이 '맞춤법'으로 수정되었습니다.

3. 현재를 살아가는 한글

산업, 정보화를 이끄는 한글

"선생님, 저게 뭐예요?"

한글과는 거리가 멀어 보이는 기계들이 즐비한 전시물을 가리키며 대한이가 물었다.

"저건 한글 타자기란다. 어서 가서 한번 만져 보자."

"전시물을 만져 볼 수도 있어요?"

"아니, 너희들이 만져 볼 수 있는 타자기가 따로 마련되어 있지."

아이들은 직접 만져 볼 수 있다는 말에 신이 났다. 그리고 가자마자 타자기부터 두드렸다.

"하하, 다들 타자기가 신기한 모양이구나."

"긴 팔이 나와서 툭툭 글자를 놓고 가는 거 같아요."

고운이가 팔을 휘저어 타자기 흉내를 내며 말했다.

"너희들은 컴퓨터만 사용해 봤으니 처음 써 보는 타자기가 그렇게 보일 수도 있겠다."

아이들은 처음에는 엉망진창으로 타자를 치더니 조금 지나서는 멀쩡하게 자기 이름을 칠 수 있었다.

공병우 타자기

"아, 타자기는 이렇게 치는 거구나."

누리가 자기 이름 '김누리'를 종이에 치고는 고개를 끄덕였다.

"자, 이제 선생님이 타자기에 대한 이야기를 조금 해 줄게."

학예사 선생님이 아이들을 불러 모았다.

"근대에 들어 인쇄 기술이 발달하면서 한글의 기계화가 빠르게 이루어졌단다. 한글 활자를 이용하여 교과서는 물론 신문, 잡지, 소설책이 많이 만들어졌지. 더불어 한글 타자기도 만들어졌단다."

"옛날에는 컴퓨터가 없었으니까 타자기로 문서를 만들었군요?"

"나로 말이 맞다. 타자기로 3·1 독립 선언서도 만들고, 여러 문서 작성도 했지. 산업화가 될수록 타자기는 꼭 필요한 물건이었거든."

"선생님, 그런데 타자기마다 사람 이름이 붙어 있는 것이 신기해요."

"그 타자기를 만든 사람의 이름을 붙인 것이란다. 송기주 타자기는 1930년대에 만들어졌고, 공병우 타자기는 1948년에 만들어졌지."

"만든 사람이 다르니까 타자기마다 특징이 있겠는데요?"

"나로가 날카로운 질문을 했구나. 이번에는 어떻게 타자기를 만들었는지 한번 살펴볼까?"

그러자 아이들이 모두 손을 쭉 내밀었다.

"하하, 이제 다들 옛날로 가 보는 것이 떨리지 않는 모양이지?"

"그만큼 한글에 대한 관심이 깊어졌다는 거죠."

대한이가 의젓한 모양새로 말했다.

"그거 참 반가운 소리구나. 그럼 어서 가 보자."

학예사 선생님은 아이들의 손을 꼭 잡았다.

"안과? 우리가 왜 병원으로 온 거죠?"

한 안과 병원 앞에서 대한이가 어리둥절한 표정으로 물었다.
"이곳에 타자기를 만든 분이 계시단다. 살짝 들여다보자."
아이들은 학예사 선생님을 따라 병원 창문을 통해 안을 들여다봤다.
"병원이 한산해요."
"환자가 없어서 심심하던 차에 타자기를 만드신 건가?"
그때 점잖은 인상의 신사 한 명이 병원에 들어왔다. 의사는 정성을 다해 신사를 치료했다. 치료를 마치자 신사는 의사에게 질문을 던졌다.
"의사 선생께서는 우리 민족의 글, 한글에 대해 생각해 본 적이 있습니까?"
"아직 없는데요."
의사는 갑작스런 질문에 당황한 모습이었다.
"한글은 세계에서 보기 드문 훌륭한 문자입니다. 그런데 일본 놈들이 한글을 쓰지 못하게 하고 있죠. 게다가 우리나라 사람들조차 한글의 훌륭함을 생각지 않고, 무시를 하는 경우가 있어요."
신사의 말에 의사는 더욱 당황하여 주위를 살폈다. 일제 식민지 시절이었으니 신사의 말을 일본 경찰이 듣기라도 한다면 큰일을 당할 것이었다.
"저 신사분 꽤 용감하네요."
"저분은 조선어 학회에서 활동한 이극로 선생이란다."
"아, 그래서 한글 이야기를 하셨구나."
이극로 선생의 한글에 대한 이야기는 계속됐다. 의사는 이극로 선생의 한글 이야기를 고개를 끄덕이며 들었다.

"우리가 한글을 알아야만 우리나라가 멸망하지 않아요. 한글은 모두 힘을 모아 지켜야 합니다."

이극로 선생은 그 말을 마지막으로 병원을 나섰다.

"나야말로 한글에 대해서는 까막눈이었군. 내 눈 먼저 고쳐야 했어."

이극로 선생이 떠나자 혼자 남은 의사는 깊은 깨달음을 얻은 듯 혼잣말을 했다.

"선생님, 저 의사 선생님이 혹시 한글 타자기를 만드나요?"

"하하, 눈치가 빠르구나. 저분이 바로 공병우 타자기를 만든 공병우 박사란다."

대한이는 퀴즈 정답을 맞힌 듯 좋아했다. 학예사 선생님은 다시 아이들의 손을 잡았다. 이제는 공병우 박사가 타자기 만드는 모습을 보러 가기 위해서였다.

그곳에는 머리를 파묻고 한글 연구를 하는 공병우 박사가 있었다.

"공병우 박사는 이극로 선생을 만난 후 한글에 대해 관심을 갖게 되었어. 그래서 한글 연구를 하기 시작했지. 그렇게 한 한글 연구가 한글 타자기로 이어진 거지."

"우아, 의사 선생님이 한글 공부를 저렇게 열심히 하다니."

엄마가 시키지도 않았는데 열심히 공부하는 사람은 대한이에게는 모두 신기하게 여겨졌다.

"한글 연구를 한 공병우 박사님은 결국 어떤 타자기를 만들었어요?"

궁금증 대왕 누리가 물었다.

"공병우 박사는 훈민정음 창제 원리를 타자기에 담았어. 초성, 중성, 종성의 글자판을 구별하여 그것이 어우러졌을 때 글자가 완성되도록 만들었지."

"훈민정음 창제 원리가 그대로 타자기에 담겼네요."

"그렇지. 한글이 애초에 얼마나 체계적이고, 과학적으로 만들어졌는

지 느껴지지? 그뿐이 아니란다. 그 덕분에 우리는 정보화 시대에도 빠르게 적응할 수 있었어. 정보라는 것은 글자로 보관되고, 전달되지. 그 정보를 빠르게, 많은 사람에게 전달하는 것이 정보화 시대를 앞서가는 것이고. 한글은 그것을 가능하게 한 글자지."

"그렇군요."

"그뿐이 아니란다. 스마트폰이 보급된 오늘날에도 우리는 한글 사용에 전혀 불편함을 느끼지 않아. 몇 개의 자음과 모음만 있으면 모든 글자를 쓸 수 있으니까. 휴대폰의 자판 역시도 훈민정음의 창제 원리 그대로 'ㅡ, ㅣ'에 점(·)을 찍어서 모든 모음을 만들고, 자음을 겹쳐서 된소리 글자를 만드니까."

"진짜 그러네요."

학예사 선생님의 설명에 아이들이 고개를 끄덕였다. 공병우 박사가 이극로 선생의 이야기에 공감할 때와 같은 상황이었다. 그때 톡톡톡 타자기 치는 소리가 들렸다.

"공병우 박사님이 타자기를 치고 있어요. 우아, 정말 빨라요."

"공병우 타자기는 글자 입력 속도가 빠르고 간편한 것이 특징이었어. 그래서 속도 타자기라고 불릴 정도였지."

"타자기는 컴퓨터보다 훨씬 재미있는 거 같아요. 다시 한번 쳐 보고 싶어요."

"그럼 이제 돌아가 볼까!"

학예사 선생님은 아이들의 손을 꼭 잡았다.

아름다운 한글

신나게 타자기를 치고 난 아이들을 맞이한 것은 흰색의 아름다운 조형물이었다.

"어머, 한글이 모여서 멋진 장식이 되었어요!"

고운이가 감탄하며 말했다. 글자가 모이고 모여 휘돌아 가는 모양을 하고 있었다. 아이들은 마치 한글이 하늘로 떠오르는 것 같다고 느꼈다.

"한글 모양이 참 예쁘지?"

"예, 전에 인터넷에서 봤는데 외국의 유명한 스타가 한글이 쓰인 가방을 들고 가더라고요. 그게 다 한글이 아름다워서죠."

글씨체에 관심이 많은 고운이가 말했다.

"그런 일이 있었구나. 사실 한글은 글자로서뿐 아니라 디자인 소재로도 많이 이용되고 있단다. 한글 문양을 넣어서 옷을 만들기도 하고, 건물을 짓기도 하지."

"저도 본 적 있어요. 김연아 선수가 스케이팅할 때 한글이 쓰여 있는 옷을 입었더라고요."

"저는요, 한글 모양의 벤치를 본 적이 있어요. 다리가 아프지도 않았는데 일부러 가서 앉아 봤지요."

"저는 컴퓨터에서 글씨체 바꾸기가 취미예요. 얼마나 예쁜 글씨체가 많은지."

아이들이 저마다 한 가지씩 경험을 이야기했다.

"한글을 문자뿐 아니라 문화로도 잘 이용하고 있는 거지. 모두 이렇게 관심이 많은 걸 보니 한글이 앞으로 더 아름다워질 거란 생각이 드는걸."

학예사 선생님이 환하게 웃었다.

"선생님, 국립한글박물관에 와서 한글이 얼마나 고마운 글자인지 알았어요. 세종 대왕님처럼, 주시경 선생님처럼 한글을 소중하게 생각할게요."

한글 바라기의 대장답게 누리가 말했다.

"내가 정말 부탁하고 싶었던 이야기를 누리가 먼저 해 주었구나."

학예사 선생님이 누리의 손을 꼭 잡았다. 그러자 누리의 몸이 순간 휘청했다.

"아이고, 이제 따로 갈 곳이 없는데 내가 손을 너무 꼭 잡았구나."

학예사 선생님이 처음으로 당황하며 말했다. 그 모습에 아이들이 모두 웃었다. 한바탕 웃고 나자 학예사 선생님이 아이들을 하나하나 바라보며 말했다.

"내 이야기를 잔소리처럼 여기지 않았으면 좋겠다. 한글은 570년이 넘는 역사를 가진 우리 문자란다. 그 속에 우리의 문화와 정신이 담겨 있지. 오랜 시간을 버티고 발전하며 오늘에 이른 한글을 결코 가볍게 여기지 않았으면 좋겠구나."

"예!"

아이들은 입을 모아 큰 소리로 대답했다. 이렇게 한글 바라기의 활동은 끝이 났다. 학예사 선생님과 아이들은 살짝살짝 손을 잡아 악수를 나누며 마지막 인사를 했다.

한글 놀이터

한글은 체계적이고 과학적인 글자라고 했지요? 그래서 그 원리를 알면 놀이처럼 쉽게 문제를 풀 수 있답니다. 국립한글박물관에서 알게 된 것들을 활용해서 문제를 해결해 보세요.

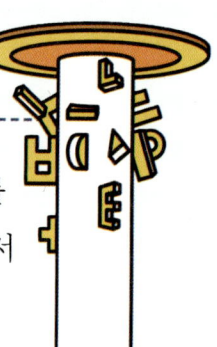

1. 한글의 기본은 자음과 모음입니다. 자음은 발음 기관을 닮은 모습인데요, 다음 그림이 나타내는 자음은 무엇일까요?

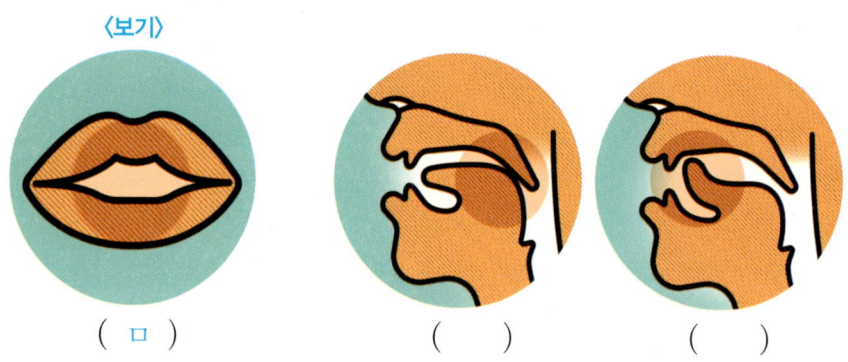

〈보기〉
(ㅁ)   (   )   (   )

2. 모음은 하늘(·), 땅(ㅡ), 사람(ㅣ)을 기본으로 하여 만들어졌습니다. 아래 모음들은 오늘날 어떤 모음이 되었는지 써 보세요.

· + ㅡ = (   )   ㅣ + · = (   )   ㅡ + · = (   )

3. 자음은 기본 자음에 획을 더하고, 자음을 겹쳐 써서 거센소리와 된소리 자음이 되었어요. 다음 〈보기〉처럼 자음의 된소리와 거센소리를 만들어 보세요.

〈보기〉

예사소리	거센소리	된소리
ㄱ	ㅋ	ㄲ

예사소리	거센소리	된소리
ㄷ		

예사소리	거센소리	된소리
ㅂ		

4. 영어는 알파벳을 나열하여 풀어 쓰지만 한글은 모아쓰기 표기법을 사용합니다. 모아쓰기 표기법은 한눈에 글자를 보고, 읽을 수 있어서 편리하지요. 다음 풀어 쓴 글자를 모아쓰기로 바꿔 보세요.

(   ) ㅎㅏㄴㄱㅡㄹㅂㅏㄱㅁㅜㄹㄱㅘㄴ
(   ) ㅅㅏㄹㅏㅇㅎㅐㅇㅛ
(   ) ㄷㅐㅎㅏㄴㅁㅣㄴㄱㅜㄱ

5. 국립한글박물관에는 한글과 관련한 다양한 유물이 전시되어 있습니다. 아래 사진은 어떤 유물의 사진일까요? 유물 사진의 이름을 골라 동그라미로 표시하세요.

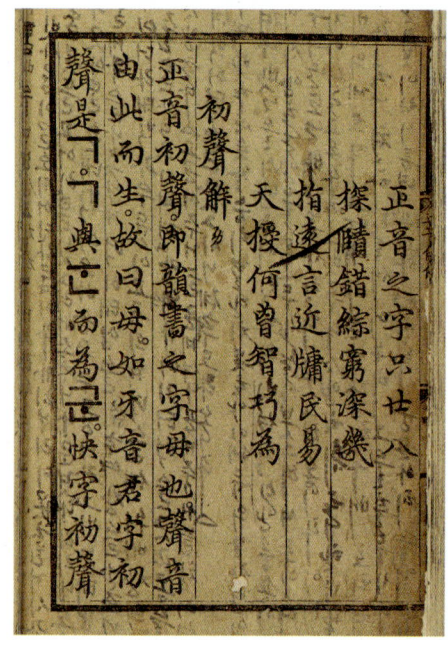

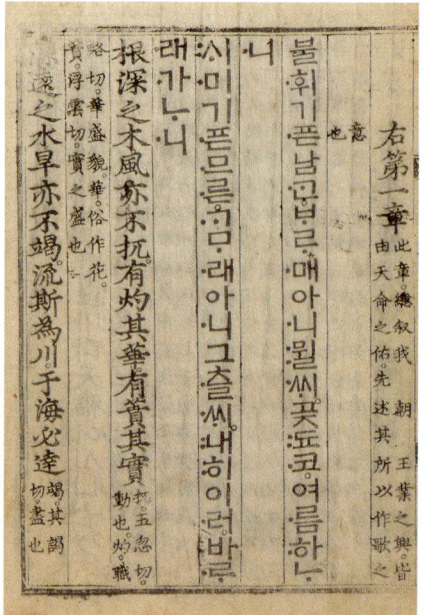

《자산어보》,《월인천강지곡》,

《송강가사》,《몽어유해》,

《훈민정음》 해례본,《목민심서》

《석보상절》,《훈몽자회》,

《용비어천가》,《정조어첩》,

《무예제보》,《천로역정》

6. 국립한글박물관에 있는 한글 고문서를 보면 낯설면서도 닮은 우리말을 볼 수 있어요. 다음 고어(옛날 말)는 오늘날 어떤 말일까요? 소리 내어 읽어 보고, 알맞은 것을 찾아 줄로 이어 보세요.

ᄃᆞ롬쥐 ●　　　● 보름달

보롮돌 ●　　　● 다람쥐

입시울 ●　　　● 노루

수져 ●　　　● 수저

노로 ●　　　● 입술

7. 다음 자음에 모음과 받침을 채워 넣어 글자를 완성해 주세요. 늘어선 자음들은 어떤 말의 자음일까요? 잘 모르겠으면 설명하는 글을 참고해도 좋아요.

ㅎㅁㅈㅇ (   )

힌트 : 이것은 세종 대왕이 1443년 창제한 우리나라 문자입니다.

ㅈㅅㄱ (   )

힌트 : 우리나라의 대표적인 한글 학자입니다. 국어 강습을 열심히 다녀서 주보따리란 별명이 있습니다.

ㅅㄱㅎㅅㄷ (   )

힌트 : 이 책은 '삼강'이라 하여 부모와 자식, 임금과 신하, 부부 사이에 지켜야 하는 예의를 담고 있습니다.

8. 국립한글박물관에 오기 전에 잘못 알고 있던 내용은 없었나요? 잘못 알고 있었거나 헷갈리는 것들은 이번에 바로잡아 볼까요? 다음 글을 읽고 맞는 내용이면 O, 틀린 내용이면 X 하세요.

( ) 한글을 만든 사람은 세종 대왕입니다.
( ) 한글은 세계 문화유산입니다.
( ) 조선 시대에는 여성과 신분이 낮은 사람들만 한글을 썼습니다.
( ) 세종 대왕은 과거 시험에 훈민정음을 포함시켰습니다.
( ) 문자를 만든 목적과 문자의 원리를 담은 책은 세계에서 《훈민정음》 해례본뿐입니다.

9. 우리나라와 북한은 같은 말과 글을 쓰는 한민족입니다. 오랫동안 분단되어 지금은 쓰는 말이 조금 달라지긴 했지만 이해하지 못할 정도는 아닌데요. 다음 북한말과 뜻이 같은 말을 줄로 이어 보세요.

곽밥	●		●	젤리
꼬부랑 국수	●		●	라면
단묵	●		●	수제비
가락지빵	●		●	도시락
뜨더국	●		●	도넛

10. 책을 읽고, 국립한글박물관을 잘 둘러보았나요? 한글에 대한 많은 것들을 읽고 보면서 가장 기억에 남는 것은 무엇이었나요? 기억에 남는 유물이나 인물이 있다면 소개하는 글을 써 보세요. 여러분이 한글과 국립한글박물관의 홍보 대사가 되는 거예요.

정답

1. ㄱ, ㄴ
2. ㅗ, ㅏ, ㅜ
3. ㅌ, ㄸ, ㅍ, ㅃ
4. 한글박물관, 사랑해요, 대한민국
5. 《훈민정음》해례본, 《용비어천가》
6. 두룸쥐-다람쥐, 보롮둘-보름달, 입시울-입술, 수져-수저, 노로-노루
7. 훈민정음, 주시경, 《삼강행실도》
8. O, X, X, O, O
9. 곽밥-도시락, 꼬부랑 국수-라면, 단묵-젤리, 가락지빵-도넛, 뜨더국-수제비

한글 연표

1400년대
- 1443년 한글 창제
- 1445년 정인지, 안지 등이 《용비어천가》를 지음.
- 1446년 문자에 대해 해설한 《훈민정음》 해례본을 배포. '훈민정음'을 과거 시험 과목에 포함함.
- 1447년 《석보상절》, 《월인천강지곡》을 지음.
- 1448년 《동국정운》을 펴냄.
- 1459년 《월인석보》를 지음.
- 1461년 《능엄경》을 우리말로 풀어 펴냄.
- 1464년 《오대산 상원사 중창 권선문》을 지음. (현존하는 가장 오래된 필사본)
- 1481년 《삼강행실도》를 우리말로 풀어 펴냄. 《두시언해》를 펴냄.

1500년대
- 1504년 한글 교육을 금지하고 한글로 쓴 책들을 불사름.
- 1514년 《속삼강행실도》를 펴냄.
- 1527년 한글 사용이 다시 허용됨. 최세진이 《훈몽자회》를 지음.
- 1536년 이문건이 한글 영비를 세움. (현존하는 가장 오래된 한글 금석문)
- 1583년 《석봉천자문》을 지음.
- 1587년 《소학》을 우리말로 풀어 펴냄.
- 1590년 《논어》, 《맹자》, 《중용》, 《대학》의 사서를 우리말로 풀어 펴냄.

1600년대
- 1617년 《동국신속삼강행실도》를 펴냄.
- 1618년 허균이 《홍길동전》을 지음.
- 1678년 최석정이 《경세훈민정음도설》을 지음.
- 1689년 숙종, 대신들의 반대로 한글 유지 삭제함.
- 1691년 숙종이 《훈민정음후서》를 지음.
- 1692년 김만중이 《구운몽》을 지음.

1700년대
- 1728년 김천택이 《청구영언》을 펴냄.
- 1734년 《여사서》를 우리말로 풀어 펴냄.
- 1750년 신경준이 《훈민정음운해》를 지음.
- 1765년 《청어노걸대》를 펴냄.
- 1797년 《오륜행실도》를 펴냄.

1800년대
- 1824년 유희가 《언문지》를 지음.
- 1882년 《누가복음》, 《요한복음》을 우리말로 풀어 펴냄.
- 1894년 고종이 공문서의 한글 사용을 보장하는 칙령을 내림.
- 1896년 최초의 순 한글 신문인 〈독립신문〉을 창간함.
- 1897년 이봉운이 《국문정리》를 지음.
- 1898년 주시경이 《국어문법》을 지음.
- 1899년 〈독립신문〉이 폐간됨.

1900년대
- 1907년 최초의 국어 연구 기관인 '국문 연구소'를 설치함.
- 1909년 국문 연구소에서 '국문 연구 의정안'을 제출함.
- 1921년 조선어 연구회(지금의 한글 학회)를 창립함.
- 1926년 '가갸날'(지금의 한글날)을 제정함.
- 1933년 조선어 학회에서 《한글 마춤법 통일안》을 발표함.
- 1940년 일제가 우리글로 된 책의 출판을 금지함.
- 1942년 조선어 학회 수난 사건이 일어남.
- 1957년 한글 학회가 《큰사전》을 완성함.
- 1970년 국무 회의에서 한글 전용을 실시하기로 결정함.
- 1990년 국립국어연구원(지금의 국립국어원)을 설치함.
- 1997년 《훈민정음》 해례본이 세계 기록 유산으로 등재됨.

2000년대
- 2005년 국어 기본법을 발표함.
- 2014년 국립한글박물관이 문을 엶.

**이야기로 만나는 한글 세상
국립한글박물관에 가자!**

초판 제1쇄 발행일 2016년 3월 5일
초판 제2쇄 발행일 2018년 6월 10일
기획 국립한글박물관 전시운영과 글 김경선 그림 원성욱
편저·교정 국립한글박물관 전시운영과
전시실 촬영 서헌강, 김은진
국립한글박물관 주소 04383 서울특별시 용산구 서빙고로 139
전화 02-2124-6332 팩스 02-2124-6360
인터넷 홈페이지 http://www.hangeul.go.kr

발행인 이원주 발행처 (주)시공사 주소 서울시 서초구 사임당로 82
전화 영업 2046-2800 편집 2046-2821~9
인터넷 홈페이지 www.sigongjunior.com

ⓒ 국립한글박물관, 2016

이 책의 출판권은 (주)시공사에 있습니다.
저작권법에 따라 한국 내에서 보호받는 저작물이므로, 무단 전재와 무단 복제를 금합니다.

ISBN 978-89-527-7561-0 74710
ISBN 978-89-527-7560-3 (세트)

시공주니어 홈페이지 회원으로 가입하시면 다양한 혜택이 주어집니다.
잘못 만들어진 책은 구입하신 서점에서 바꾸어 드립니다.

사진 자료 제공
37쪽《삼국유사》**국립중앙박물관**, 임신서기석 **국립경주박물관** / 71쪽《훈민정음》해례본 **간송미술관**
80쪽, 143쪽《조선왕조실록》 **sillok.history.go.kr** / 102쪽《천자문》**한국학중앙연구원 장서각**
114쪽《천로역정》**숭실대학교 한국기독교박물관** / 129쪽〈원이 엄마 편지〉**안동대학교 박물관**
137쪽 버선본, 166쪽 언문 반절표 **홍윤표** / 172쪽 공병우 타자기 **공영태**

이 책에는 우아한형제들에서 제공한 배달의민족 서체가 사용되었습니다.

KC마크는 이 제품이 공통안전기준에 적합하였음을 의미합니다.
제조국 : 대한민국   사용 연령 : 8세 이상
주의 사항 : 책장에 손이 베이지 않게, 모서리에 다치지 않게 주의하세요.